dtv

Joseph, ein frustrierter Angestellter, der von Kollegen, Chefs und Freundin herumkommandiert und schlecht behandelt wird, trifft eines Morgens auf eine sprechende Kakerlake namens Gregory, die unter seiner Tastatur hervorgekrochen kommt. Das Tier fleht um Erbarmen und versucht, seinen potenziellen Mörder mit einem echten Angebot der Hilfe zur Selbsthilfe zu bestechen. Gregory als allgegenwärtige, wenn auch meist nicht sichtbare Büro-Kakerlake weiß nämlich genau, woran's bei Joseph hapert. Als die ultimativen Überlebenskünstler, die schon vor den Dinosauriern existierten, kennen Kakerlaken die besten Tipps für das Überleben im Job. Und nachdem Joseph von Gregory in die zehn Gebote der Kakerlaken eingeweiht wird, ändert sich in seinem Leben so einiges …

Craig Hovey ist amerikanischer Wirtschaftswissenschaftler mit dem Fachgebiet Behavioral Economics (Verhaltensökonomie). Er lehrt am Nazareth College in Rochester (Staat New York). Auf die Frage nach Preisen und Ehrungen antwortete Hovey, dass er manchmal zufällig ehemalige Studenten trifft, die ihm für das danken, was sie bei ihm gelernt haben – und ihn auf ein Bier einladen.

Craig Hovey

Die Kakerlaken Strategie

10 Gebote für das Überleben im Beruf

Aus dem Englischen von
Thomas Bauer

Deutscher Taschenbuch Verlag

Ungekürzte Ausgabe
Mai 2007
Deutscher Taschenbuch Verlag GmbH & Co. KG,
München
www.dtv.de
© 2007 der deutschsprachigen Ausgabe:
Deutscher Taschenbuch Verlag GmbH & Co. KG,
München
© 2006 Craig Hovey
Titel der amerikanischen Originalausgabe:
›The Way of the Cockroach. How Not to Be There
When the Lights Come On and Nine Other Lessons
on How to Survive in Business‹
St. Martin's Press, New York
Dieses Buch wurde im Auftrag von St. Martin's Press LLC
durch die Literarische Agentur Thomas Schlück GmbH,
30827 Garbsen, vermittelt.
Umschlagkonzept: Balk & Brumshagen
Umschlagbild: AARDVART (Irmeli Holmberg)
Satz: Greiner & Reichel, Köln
Gesetzt aus der Stone Serif 10/14,5˙
Druck und Bindung: Druckerei C. H. Beck, Nördlingen
Gedruckt auf säurefreiem, chlorfrei gebleichtem Papier
Printed in Germany · ISBN 978-3-423-34409-8

Inhaltsverzeichnis

1. Kapitel
Du hast nichts zu fürchten außer dir selbst 11

2. Kapitel
Ungeziefer 29

3. Kapitel
Die Partnerin 41

4. Kapitel
Hör nicht immer auf dein Herz 55

5. Kapitel
Flower-Power 71

6. Kapitel
Sei immer die Schabe mit dem längsten Atem 85

7. Kapitel
Ein Spaziergang im Park 95

8. Kapitel
Selbst hinter der kleinsten Öffnung kann sich eine
riesige Chance verbergen 107

9. Kapitel
Am Boden zerstört 123

10. Kapitel
Ergötze dich, wo andere nur Müll sehen 135

11. Kapitel
Die trojanische Eishockeytasche 143

12. Kapitel
Lass dir Augen am Hinterkopf wachsen 149

13. Kapitel
Fliegender Wechsel 159

14. Kapitel
Greif an, während deine Feinde noch grübeln 167

15. Kapitel
Die Firma 175

16. Kapitel
Ruh dich aus, ehe du verheerenden
Schaden anrichtest 183

17. Kapitel
Mach dich aus dem Staub, bevor das Licht angeht 191

18. Kapitel
Was dich nicht umbringt, macht dich nur stärker 199

Dieses Buch ist meinem Freund, Mentor
und Lehrer Dr. John Charles Pool gewidmet.
Danke, dass du zur rechten Zeit am
rechten Seitenrand warst.

Dank

Vielen Dank an meinen Lektor Sean Desmond bei Thomas Dunne Books, der einen immensen Beitrag zu diesem Buch geleistet hat. Die Zusammenarbeit mit ihm war von Anfang bis Ende ein Vergnügen.

Dank gebührt außerdem meinen Großeltern Reverend Harry und Elizabeth Goodrich, die vor ungefähr fünfundfünfzig Jahren eigenhändig das Fundament für unser wunderbares Familienlandhaus auf Cape Cod gelegt haben. Ich habe dort dieses Buch fertiggestellt und wünschte, es wäre gut genug, um ihrer Liebenswürdigkeit gerecht zu werden.

1. Kapitel
Du hast nichts zu fürchten
außer dir selbst

Obwohl es noch nicht einmal sechs Uhr morgens war, schuftete Joseph bereits an seinem Schreibtisch, um aus einem Gewirr von trostlosen Verkaufszahlen einen Bericht zu zaubern, der nicht für seine Entlassung sorgen würde, wenn er ihn nach dem Mittagessen Mr. Harshfeld präsentierte. Er stellte sich vor, wie Harsh – wie sein Boss gerne genannt wurde – hinter seinem großen Stahlschreibtisch saß, den Kopf schüttelte und die Stirn runzelte, während er so tat, als würde er ihm zuhören. Seine buschigen Augenbrauen würden dabei seine glanzlosen kalten Augen überschatten, Augen, die unter der riesigen Einöde von Stirn, von der sein Haaransatz unentwegt in die Flucht geschlagen wird, zu eng beisammenstanden.

Die Vorstellung ließ ihn frösteln.

In Josephs winzigem Universum war es dämmrig, denn die Sonne hatte gerade erst begonnen, dem bedeckten Himmel ein schwaches Leuchten zu verleihen, und außer der entfernten Fensterfront spendete nur eine kleine Schreibtischlampe Licht. Jenseits der halbhohen Trennwände um seinen Schreibtisch war wenig mehr zu erkennen als die Schatten der anderen Arbeitsplätze.

Abwesend griff Joseph in die oberste Schreibtischschublade und holte einen der abscheulichen Müsliriegel hervor, von denen seine Freundin Monica glaubte, sie würden ihnen bis ins hohe Alter Gesundheit und einen regelmäßigen Stuhlgang bescheren. Alles daran war gesund, von den Getreidekörnern bis zum klebrigen Fruchtbrei, der das Ganze zusammenhielt. In ihrer Kombination sorgten die Zutaten allerdings dafür, dass die Riegel nach altem Klebeband schmeckten.

Joseph wusste, dass er unbedingt etwas essen musste, denn ihm stand ein weiterer langer und brutaler Tag bevor. Und da der Aufenthaltsraum mit den Süßigkeitsautomaten noch abgeschlossen war, hatte er keine andere Wahl. Also würde er den Riegel hinunterwürgen. Er war so sehr damit beschäftigt, die düsteren Zahlen vor seinen Augen fortzuwünschen, dass er ohne hinzusehen die Verpackung aufriss und den Mund öffnete, um abzubeißen.

Irgendetwas fiel auf den Papierstapel vor ihm. Das Geräusch war nicht laut, erschreckte ihn jedoch in der Stille des Großraumbüros, das die Ausmaße einer Flugzeughalle hatte. Er lehnte sich ein Stück zurück und warf einen Blick auf das Ding. Es war braun, etwa anderthalb Zentimeter lang, und, großer Gott, es lebte!

Eine Kakerlake!

Das eklige Krabbeltier war auf dem Rücken gelandet und zappelte wie wild mit den Beinen, um sich wieder aufzurappeln und Reißaus zu nehmen. Doch es kam nicht vom Fleck. Joseph packte das Druckerhandbuch aus dem Computerregal zu seiner Rechten mit beiden Händen. Kakerlaken jagten ihm Angst ein, und er war absolut bereit, das Blatt Papier zu opfern, auf dem das widerliche Ding lag, um es zu töten.

Genau in dem Moment, als er das Handbuch auf Nasenhöhe hob und zum tödlichen Hieb ansetzte, hörte er eine leise, aber klare Stimme.

»Nein, nein, hab Erbarmen, bitte töte mich nicht, ich flehe dich an.« Joseph sah sich um. Jemand musste sich hereingeschlichen haben, um ihm einen Streich zu spielen. Doch seine Arbeitskollegen waren allesamt faule Drückeberger. Wer von ihnen war jemals so früh zur Arbeit erschienen?

»Bitte, wenn du nur einen freundlichen Knochen im Leib hast – ich bin hingefallen und kann nicht mehr aufstehen. Töte mich nicht, ich habe Kinder – die brauchen mich!«

»Wer ist da?«, rief Joseph mit seiner tapfersten Stimme. »Ich weiß, dass du hier irgendwo steckst … Du hast deinen Spaß gehabt, jetzt komm raus. Ich versuche zu arbeiten, verdammt noch mal.«

»Ich habe überhaupt keinen Spaß, und ich befinde mich genau hier vor dir.«

Die Stimme kam von der Kakerlake. Unmöglich! Irgendjemand musste ihm eine Schaben-Attrappe auf den Schreibtisch gelegt und einen Kassettenrekorder aufgestellt haben ... Doch die Beine bewegten sich, und jetzt sah er, wie die Antennen auf dem Papier wackelten.

»Mann, ich muss in Zukunft mehr schlafen«, murmelte er vor sich hin, »Urlaub nehmen – oder etwas anderes nehmen... Ich habe Halluzinationen.«

»Nein, hast du nicht. Ich bin echt, und wenn du mich doch nicht töten willst, könntest du mir dann bitte helfen, wieder auf die Füße zu kommen? Ich verspreche dir, dass ich dich nie mehr belästigen werde, nie wieder.«

Joseph blickte wieder zu der Kakerlake hinunter. Ihre Beine bewegten sich jetzt langsamer und zuckten nur noch sporadisch. Sie kam eindeutig nicht vom Fleck. Er hob das Handbuch abermals hoch.

»Ob du sprechen kannst oder nicht, ich hasse Kakerlaken. Deine Zeit ist um!«

»Nein, nein.« Die Beine begannen wieder verzweifelt zu zappeln. »Töte mich nicht. Ich kann dir helfen, ehrlich. Ich kenne alle deine Probleme hier bei der Arbeit und zu Hause mit Monica. Ich kann dir helfen.«

»Was? Du, eine Kakerlake, kennst den Namen meiner Freundin und willst mir helfen? Das ist doch völlig verrückt.«

»Es ist aber wahr, und ich weiß noch viel mehr als das. Ich weiß zum Beispiel, dass du nur eine kleine Ecke vom Schrank bekommst und dass dir ihr Zähneknirschen nachts den Schlaf raubt, du aber Angst hast, es ihr zu sagen. Ich weiß von deinen Heiratsplänen und wo es in den Flitterwochen hingehen soll. Nicht nur das, sondern ...«

»Jetzt halt mal die Luft an, Mr. Kakerlake«, platzte Joseph heraus. »Du kannst nichts von meiner Hochzeit wissen, weil ich nicht heirate, und selbst wenn ich heiraten würde, wie in aller Welt solltest du dann irgendwas von Flitterwochen wissen?«

»Mein Name ist Gregory, und ich war schon oft genug in deiner Wohnung.«

»Was? Aber ich wohne doch fünfundzwanzig Kilometer von hier entfernt, das ist unmöglich.«

»Nein, das ist eigentlich ziemlich einfach: Ich fahre in einem der leeren Fächer in deiner Aktentasche mit.«

Joseph spürte, wie sich sein leerer Magen umdrehte.

»Das ist ja widerlich. Willst du damit etwa sagen, dass ich Kakerlaken mit nach Hause geschleppt habe? Monica würde mich umbringen, wenn sie das wüsste.«

»Keine Sorge, bislang bin ich der Einzige, der die Reise unternommen hat. Dieser Gurkensalat, den du zur Arbeit mitgebracht hast, hat genügt, um meine Freunde abzuschrecken.«

»Moment mal, meine Mutter hat mir vor ein paar Monaten nach einem Familientreffen eine große Schüssel davon mitgegeben – das Zeug war kaum angerührt worden. Ich habe etwas davon für die Mittagspause mitgebracht.«

»Ganz genau, in einem alten, undichten Behälter. Und du hast den Salat eine Woche lang drin gelassen. Widerlich, echt widerlich.«

»Warum sollte sich eine Kakerlake daran stören? Ihr fresst doch alles.«

»Aber nicht Gurken. Gurken kann keiner von uns ausstehen.«

»Ha, wer hätte gedacht, dass Kakerlaken bei irgendetwas wählerisch sind?«, stellte Joseph fest, warf einen Blick auf den Müsliriegel, den er auf den Schreibtisch hatte fallen lassen, und fühlte sich plötzlich schwach. »Hey, was hast du gemacht, bevor du auf meinem Schreibtisch gelandet bist?«

»Ich habe versucht zu frühstücken.«

»Zu frühstücken?«, wiederholte Joseph mit einem Stöhnen. »Jetzt wird mir wirklich gleich schlecht.«

»Oh, jetzt reg dich doch nicht so auf wegen nichts. Ich habe nur ein bisschen an dem Klebstoff geknabbert, mit dem die Verpackung verschlossen wird – von außen.«

»Bist du sicher, dass du dich nicht an meinem Essen zu schaffen gemacht hast?«

»Nichts für ungut, Joseph, aber diese Dinger sehen nicht besonders appetitlich aus.«

»Soll das heißen, dass Klebstoff besser schmeckt?«

»Aber sicher.«

Joseph grübelte darüber einige Sekunden lang nach.

»Wahrscheinlich hast du recht.«

»Nachdem du jetzt weißt, dass ich dein Essen nicht verseucht habe, würdest du mir bitte helfen, wieder auf die Füße zu kommen?«

Obwohl Joseph noch immer glaubte, dass er halluzinieren würde, nahm er einen Bleistift aus der Mittelschublade seines Schreibtischs und legte ihn neben Gregory, der ihn sofort mit seinen drei linken Füßen packte und sich aufrichtete.

Gregory streckte sich und sagte: »Danke, das fühlt sich schon viel besser an. Also, nachdem du mich verschont hast – was bestimmt keiner von den Schaben-Mördern getan hätte, mit denen du hier arbeitest –, werde ich dich für dein Entgegenkommen belohnen.«

Joseph zog noch immer ungläubig die Augenbrauen hoch. »Hast du etwa vor, mir ein kostenloses Zimmer in einem Kakerlaken-Hotel zu geben?«

»Nö. Ich werde dir verraten, wie du dein Leben umkrempeln kannst.«

Joseph sah ihn einen Augenblick lang verständnislos an und sagte dann: »Okay, du hast es geschafft, mich ein paar Mal heimlich nach Hause zu begleiten, und du kannst sprechen, was für eine Kakerlake zugegebenermaßen ziemlich beeindruckend ist, aber ich bezweifle sehr, dass du mir irgendwas verraten kannst, das mir helfen wird.«

»Ach ja? Hör mal, Kakerlaken waren schon hundertfünfzig Millionen Jahre vor den Dinosauriern hier und dreihundert Millionen Jahre, bevor deine Schimpansen-Vorfahren gelernt haben, auf zwei Beinen zu gehen. Wir sind die ältesten Insekten, die bis heute überlebt haben, und als die erfahrensten und anpassungsfähigsten Sechsbeiner dieses Planeten waren wir schon immer auf dem neuesten Stand der Evolution. Glaub mir, Kakerlaken wissen wesentlich mehr darüber, wie man immer, überall und unter allen Bedingungen überlebt und sich vermehrt, als Menschen jemals wissen werden. Wenn du wüsstest, was wir wissen, würdest du längst diese ganze Firma leiten.«

Joseph schüttelte den Kopf, da er von Gregorys Vortrag verblüfft war und weil er insgeheim hoffte, die Bewegung würde den Anblick einer sprechenden Kakerlake auf seinem Schreibtisch verscheuchen.

»Habe ich gerade tatsächlich einen Vortrag von einer Schabe gehört?«, sagte er nachdenklich zu sich selbst mit einer Mischung aus Schock und Ehrfurcht.

Gregory wartete schweigend.

»Selbst wenn das hier gerade alles wirklich real ist«, fuhr Joseph fort, wobei er nachgab und sich an die Kakerlake wandte, »was könntest du mir denn über Unternehmensführung erzählen? Du bist doch bloß ein Klebstoff-schnüffelndes Insekt!«

»Wie wenig du doch weißt – nur zu deiner Information, Joseph, ich gehöre zur Spezies der *Supella longipalpa*, der schlauesten aller Kakerlaken-Arten – vergleichbar mit den Mensa-Mitgliedern in der menschlichen Welt. Wir haben schon immer warme Orte wie Bibliotheken oder Elektrogeräte bevorzugt, und wir haben die Zeit genutzt, die wir zwischen Büchern und in Computern verbracht haben.«

»Soll das heißen, dass du dort sprechen gelernt hast?«

»Richtig, mein Freund, und schreiben können wir ebenfalls, doch das ist eine etwas größere Herausforderung. So, und jetzt lass mich dir beweisen, dass ich die Wahrheit sage, indem ich dir erzähle, was ich alles von den Telefonen und Computern in eurer Firma aufgeschnappt habe.«

»Klar, ich meine, was wäre normaler, als einer Kakerlake zuzuhören, die meine Arbeitskollegen bespitzelt?«

Während der nächsten zehn Minuten weiteten sich Josephs Augen vor Verwunderung, als Gregory ihn darüber aufklärte, wie viel er wusste, ihm das Unternehmen und seine Aktivitäten bis ins kleinste Detail beschrieb und jede Menge pikante Informationen zum Besten gab. Die Kakerlake skizzierte sämtliche Machtrangeleien, Verschwörungen und Intrigen, die in den kommenden Monaten enthüllt werden würden, und weihte Joseph sogar in ein paar

Büroaffären ein, die ihn erröten ließen. Anschließend lehnte sich Joseph zurück und rieb sich das
Kinn.

»Vielleicht kann ich tatsächlich etwas von dir lernen. Dann war es wohl doch ganz gut, dass ich dich
nicht zerquetscht habe.«

»Das hast du gut erkannt. Ihr Menschen könnt unglaublich viel von uns lernen. Um dir das zu beweisen und da niemand hier ist, na ja, zumindest keine
Menschen, kann ich gleich damit anfangen, dir die
zehn Gebote der Kakerlaken beizubringen.«

»Die zehn Gebote der Kakerlaken? Das ist doch
wohl nicht dein Ernst!«

Gregory ignorierte die Bemerkung, kletterte auf
Josephs elektrischen Bleistiftspitzer und ließ sich
dort nieder. Er sah aus wie ein Professor, der sich auf
eine Vorlesung vorbereitet.

»Wir haben versucht, den Dinosauriern denselben
Rat zu geben, aber sie wollten nicht hören. Ich hoffe,
dass ich bei dir mehr Glück habe.«

Joseph war fassungslos. »Kakerlaken konnten sich
mit Dinosauriern unterhalten?«

»Sicher. Wie soll man denn überleben, wenn
man nicht versteht, worüber andere Lebewesen
sprechen?«, erwiderte Gregory, als seien nur niedere
Lebensformen zu faul, um sich diese Fähigkeit an-
zueignen. Joseph dachte kurz an seine erbärmlichen
Leistungen im Spanischunterricht auf der High-
school. Schlimm genug, dass die Kakerlake so viel

mehr über seinen Arbeitgeber wusste als er selbst, aber dass eine Schabe schlichtweg schlauer war als er, war ein Ding der Unmöglichkeit.

»Wenn du so schlau bist und deine Vorfahren es ebenfalls waren, wie kommt es dann, dass ihr Millionen von Jahren gebraucht habt, um euch zehn Gebote einfallen zu lassen?«

Joseph hätte schwören können, dass die Art und Weise, wie Gregory seine Antennen bewegte, herablassend war. Dann blickte das Krabbeltier jetzt also auf ihn herab? Großartig, ein ganz neuer Tiefpunkt war erreicht.

»Die zehn Gebote der Kakerlaken sind nur eine knappe Zusammenfassung dessen, was wir im Laufe der Zeit gelernt haben. Ob sie leicht verständlich sind? Natürlich – das sind große Weisheiten immer. Und du solltest dich nicht über unsere Gebote lustig machen, ehe ihr Menschen nicht wenigstens ein paar Millionen Jahre überlebt habt – lange genug, um euch selbst zu beweisen.«

»Langsam, Mister Kakerlake, ihr Krabbeltierchen seid vielleicht schon länger hier als wir, aber sieh dir doch mal an, was wir alles bewirkt haben. Nenn mir eine Sache, die Kakerlaken erreicht haben, die sich vergleichen lässt mit, äh ... was weiß ich, mit der Erfindung des Internets zum Beispiel.« Dabei drückte er die Brust ein wenig heraus und streckte Gregory das Kinn entgegen.

»Nichts leichter als das«, erwiderte Gregory verächtlich. »Die Menschen haben auch Atomwaffen entwickelt, nicht wahr?«

»Sicher, und was ist damit?«

»Also was wäre, wenn hier unter deinem Schreibtisch oder von mir aus auch in zwei Kilometern Entfernung eine Atombombe hochgehen würde, während du gerade eines von deinen kleinen Nickerchen machst?«

Ehe Joseph den Reflex stoppen konnte, warf er einen Blick in die düsteren Winkel unter seinem Schreibtisch.

»Dann wäre ich natürlich tot. Was willst du damit sagen?«

»Eine Kakerlake hält ungefähr das Achtzigfache der Menge an radioaktiver Strahlung aus, die für Menschen tödlich ist. Ihr Menschen prahlt mit dem Internet, das tatsächlich ziemlich beeindruckend ist, aber wir haben riesige evolutionäre Fortschritte gemacht und sind immun gegen die größte menschliche Bedrohung. Wenn sich die Menschen selbst in die Luft jagen, werden wir einfach weiterleben und anschließend auch noch die Lebewesen überleben, die euren Platz einnehmen.«

»So, so, du bist ja eine ziemlich selbstgefällige Schabe, hm? Aber selbst wenn du recht hast, was hat das mit deinen Geboten zu tun?«

Gregory entgegnete: »Wie du noch sehen wirst, dreht es sich in den zehn Geboten der Kakerlaken um die größte Herausforderung, der sich jedes Lebewesen stellen muss, um ein Problem, dem die Menschen viel zu wenig Beachtung schenken: Wie man überall und unter allen Bedingungen überleben, sich vermehren und weiterentwickeln kann, nachdem größere, stärkere und schlauere Geschöpfe mit besseren Voraussetzungen gescheitert sind.«

»Moment mal, wie kannst du denn so etwas behaupten? Die Menschheit kämpft immer ums Überleben. Was denkst du, worum es bei allen unseren Kriegen geht?«

»Bei euren Kriegen geht es um Angst, und die stellt eine größere Bedrohung für das Überleben und den Erfolg dar als alles andere.«

»Wie kann Angst das Überleben bedrohen? Es gibt alle möglichen Dinge, vor denen man Angst haben muss, vor allem heutzutage: Terrorismus, Krebs – mehr beängstigende Dinge, als ich aufzählen kann.«

Gregory ließ Joseph geduldig ausreden und erwiderte dann: »Ihr solltet euch nicht vor dem Tod oder vor Krankheiten fürchten, sondern vor eurer Angst davor.«

»Wie bitte?«

»Sich vor Dingen zu fürchten, gegen die man nichts tun kann, ist albern. Ihr erfindet alle möglichen Schreckgespenster, von denen ihr euch herumscheuchen lasst. Und jeder, der euch dann davon überzeugt, dass er die Kontrolle über das hat, wovor ihr euch fürchtet, wird zu einer Art Puppenspieler, der euch zappeln lassen kann wie Marionetten.«

»Und was macht ihr Kakerlaken anstatt euch zu fürchten? Willst du mir etwa erzählen, dass ihr keine Angst habt, bei all den Dingen, die euch zerquetschen könnten, und all den Leuten, die euch am liebsten vollständig auslöschen würden?«

»Im Gegensatz zu vielen Menschen leben wir nicht in ständiger Panik, sondern konzentrieren uns auf das, was wir unter Kontrolle haben.«

»Und was ist das?«

»Unsere eigenen Angelegenheiten. Wir können zwar zum Beispiel nichts dagegen tun, dass die Menschen Bomben entwickeln, aber wir können daran arbeiten, mit dieser Realität zurechtzukommen – und deshalb werden wir immer überleben.«

Joseph stieß einen tiefen Seufzer aus. »Ich fasse es nicht, dass ich hier sitze und mich mit einer philosophierenden Kakerlake unterhalte«, sagte er und schüttelte den Kopf. »Dann hast du also vor nichts Angst? Vor überhaupt gar nichts?«

»Doch, eine Sache gibt es, vor der man sich fürchten muss, vor der man sich sogar sehr fürchten muss.«

»Ach ja?« Joseph zog die Augenbrauen hoch. »Und wo ist diese verwundbare Stelle im Kakerlaken-Panzer?«

»Das Einzige, wovor man sich fürchten muss, ist das eigene negative Denken. Sonst kann einen nichts verletzen.«

»Sieh mal, du magst ja recht haben, aber mir ist das zu hoch, und was nützt es mir überhaupt?«

Joseph schwenkte den Arm wie ein Spielshow-Moderator, der einen völlig unpassenden Preis für einen Kandidaten präsentiert, im Halbkreis durch den riesigen Raum, in dem er nur ein winziger Fleck war. »Ich sitze hier in diesem Gefängnis fest.«

Gregory machte eine volle 360-Grad-Drehung auf dem Bleistiftspitzer. »Ich verstehe, was du meinst, aber wer hat dich denn hier reingesteckt? Ist das eine Haftstrafe, die du absitzen musst?«

»Na ja, nicht direkt, aber es ist der beste Job, den ich finden konnte.«

»Lass mich das klarstellen: Du hast aus freiem Willen eine Stelle im ›Gefängnis‹ angenommen, weil du denkst, du kannst nicht mehr erreichen?«

»Ich weiß nicht, ob ich es genau so formulieren würde, aber …« Joseph suchte nach Worten. »Aber ich nehme an …«

»Siehst du jetzt, was ich damit meine, dass du nur dich selbst fürchten musst? Wer sonst hätte dir das antun können?«

»Na ja …«

»Genau. Gut, ich werde dir die zehn Gebote der Kakerlaken jetzt gleich verraten. Sie sind wirklich hilfreich.«

»Da bin ich ja mal gespannt.«

»Genau genommen habe ich auf deinem Computer bereits eine Datei damit angelegt.«

»Unmöglich! Das ist unmöglich. Wie in aller Welt soll eine Kakerlake tippen können?«

»Ich gehe dazu in den Keller und bitte ein Exemplar der größten amerikanischen Schabenspezies um Hilfe, die dort unten lebt. Dann deute ich auf die richtigen Tasten, und zwar auf eine nach der anderen, und mein neuer Freund klettert auf deine Büro-Trennwand und springt drauf. Das dauert zwar eine Weile, aber es funktioniert.«

Joseph schüttelte heftig den Kopf, um das beunruhigende Bild vor seinem inneren Auge loszuwerden.

»Niemals, das kann einfach nicht sein.«

Doch ein paar Minuten später, nachdem er sich genug beruhigt hatte, um Gregorys Anweisungen zum Öffnen der Datei zu befolgen, erschienen die Gebote auf dem Bildschirm:

DIE ZEHN GEBOTE DER KAKERLAKEN

1. Du hast nichts zu fürchten außer dir selbst.
2. Hör nicht immer auf dein Herz.
3. Sei immer die Schabe mit dem längsten Atem.
4. Selbst hinter der kleinsten Öffnung kann sich eine riesige Chance verbergen.
5. Ergötze dich, wo andere nur Müll sehen.
6. Lass dir Augen am Hinterkopf wachsen.
7. Greif an, während deine Feinde noch grübeln.
8. Ruh dich aus, ehe du verheerenden Schaden anrichtest.
9. Mach dich aus dem Staub, bevor das Licht angeht.
10. Was dich nicht umbringt, macht dich nur stärker.

Dass Kakerlaken sprechen konnten, war bereits mehr als genug an neuen Informationen für einen Morgen. Dass Kakerlaken einen Computer bedienen konnten, überforderte Josephs geistige Aufnahmefähigkeit jedoch völlig. Durch den Nebel seines Verstands, der bereit war, die Segel zu streichen, las Joseph die Gebote langsam durch. Dabei half es nicht, dass er aus dem Augenwinkel sah, wie Gregory die Kakerlaken-Version eines Kinns in die Kakerlaken-Version einer Hand stützte – oder besser gesagt in die Ansammlung von Haaren am Ende seines vordersten rechten Beins –, während er darauf wartete, dass Joseph mit dem Lesen fertig wurde.

Joseph hielt in der Mitte der Liste inne, um eine Frage zu stellen, doch Gregory war plötzlich verschwunden, als hätte er sich in Luft ausgelöst.

»Gregory?«

2. Kapitel
Ungeziefer

Gregory ... Gregory ... Wo bist du? Bist du noch da?«

Schweigen.

»Komm schon raus ... Gregory?«

»Mit wem reden Sie denn? Hier arbeitet kein Gregory.«

Die Stimme hinter ihm jagte Joseph einen heftigen Schrecken ein, und als er sich panikartig umdrehte, sah er sich dem Bezirksleiter Mr. Lindley gegenüber.

»G-G-Guten Morgen, Sir, ich, äh, habe früh angefangen, um einen Vorsprung zu haben.«

»Nach meiner Uhr ist es nicht mehr so früh. Es ist schon fast acht.«

»Acht? Das kann nicht sein. Vor ein paar Minuten war es noch sechs.«

Mr. Lindley legte den Kopf in den Nacken und stieß ein herzhaftes Lachen aus.

»Tja, ich würde sagen, wir haben es hier mit einem Fall von früh aufstehen, schnell einnicken zu tun, hm? Aber jetzt mal im Ernst, Sie haben nicht die ganze Zeit gearbeitet, oder? Und was ist das auf Ihrem Computerbildschirm?«

Als Mr. Lindley sich vorbeugte und den Bildschirm argwöhnisch betrachtete, tastete Joseph verzweifelt mit dem Fuß nach der Überlastungsschutz-Steckdose unter seinem Schreibtisch und kickte den Computerstecker hinaus.

»Hoppla, jetzt ist er schon wieder abgestürzt«, murmelte er wenig überzeugend. »Wahrscheinlich sollte ich ihn besser wieder hochfahren.«

»Da hat wohl jemand Schabernack getrieben, nicht wahr?«

»Sie haben die Schabe auch gesehen?«

»Wovon in aller Welt sprechen Sie eigentlich? Wissen Sie«, sagte Mr. Lindley und legte Joseph väterlich die Hand auf die Schulter, »jeder von uns hat sich schon mal unanständige Bilder angesehen.«

»Nein, das ist es nicht, Mr. Lindley. Das würde ich nie während meiner Arbeitszeit tun. Ich bin …«

Lindley drehte sich zu seinem Büro um und winkte ab.

»Machen Sie sich deshalb keine Sorgen. Ich war auch mal jung.«

In Josephs Augen war Mr. Lindley ein netter Mensch, dem es gelang, mit sehr wenig sichtbarer Arbeit davonzukommen. Die Vertreter quälten sich ständig mit der Suche nach neuen Geschäftsabschlüssen, und Harsh quälte die Vertreter ständig mit

30

neuen, höheren Vorgaben, während Lindley, der Bezirksleiter und Boss von Harsh und allen anderen Angestellten der Niagara-Falls-Niederlassung, scheinbar unberührt von dem ganzen Chaos hereinschneite und wieder hinausschwebte. Sein Vorgesetzter, einer der Vizepräsidenten, dessen Name nie bis auf Josephs Stufe durchgesickert war, arbeitete in der Hauptniederlassung des Unternehmens in Chicago, wo Lindley zweimal im Monat hinfuhr.

Obwohl sich in Niagara Falls alle ständig auf der Abschussliste wähnten, schien niemand Lindley im Visier zu haben. Vielleicht arbeitete er doch mehr, als es den Anschein hatte. Er stammte aus einem wohlhabenden New-England-Clan und übersommerte nach wie vor im Urlaubswohnsitz der Familie auf der Insel Martha's Vineyard. Joseph hatte noch nie irgendwo »übersommert«.

Joseph wollte seine Unschuld noch einmal beteuern, aber Harshfelds Ankunft machte das zu einem aussichtslosen Unterfangen. Wie immer trug Harsh eine teure Krawatte und einen teuren Anzug, der ihm nicht richtig passte. Er erinnerte Joseph immer an eine Zeichentrick-Bulldogge, weil er wie ein Bierfass gebaut war und O-Beine hatte.

»Morgen, Mr. Lindley«, sagte Harsh zu seinem Boss. »Morgen, Joey. Was steht heute an?«, fragte er, wobei er sich umdrehte, um Lindley seine volle Aufmerksamkeit zu schenken und Joseph den Anblick seines Rückens.

»Tja, bei mir steht heute ein leichter Kater an«, erwiderte Lindley, »aber er ist nicht so schlimm, dass er mich außer Gefecht setzen würde. Was ist mit Ihnen?«

Harshfeld grinste – wie eine Bulldogge, wenn Bulldoggen grinsen könnten.

»Ach, ich hatte nur ein paar Bier im Eisstadion nach dem Spiel gestern Abend, nichts Ernstes. Vielleicht sollten wir beim Mittagessen einen kleinen Schnaps gegen den Kater trinken, hm, Mr. Lindley?«

Lindley klopfte Harsh auf die Schulter und sagte: »Als Erstes sollten wir lieber sehen, welche Geschäfte heute Morgen auf uns zukommen.«

»Sicher, sicher. Wie wär's, wenn wir Joey losschicken und uns von ihm Doughnuts und Kaffee holen lassen, damit wir besser in die neue Woche starten?«, schlug Harsh vor und deutete mit einem stumpfen Daumen über die Schulter in Josephs Richtung.

»Das nenne ich eine gute Idee.« Und damit bugsierte Lindley Harsh zu seinem Büro. Harsh zog schnell einen schmierigen Fünfdollarschein aus der vorderen Hosentasche, der aussah, als hätte er eine ganze Saison in Harshs Schlittschuhen verbracht, und warf ihn auf Josephs Schreibtisch, ohne seinen Schritt zu verlangsamen.

Sozusagen um seinen Widerstand auszudrücken, ging Joseph nicht sofort los, um die Besorgungen zu erledigen. Stattdessen stand er auf, streckte sich und ging gemächlich zur Herrentoilette am anderen Ende des riesigen Raums, in den inzwischen ein stetiger Strom von Mitarbeitern tröpfelte. Er drehte den Hahn auf, ließ das Wasser laufen, bis es eiskalt war, und spritzte es sich ins Gesicht.

In sicherer Entfernung von seinem Schreibtisch konnte er nicht mehr glauben, dass er soeben mit einer Kakerlake gesprochen hatte. Die ganze Episode musste ein Traum gewesen sein, und zwar einer von den Träumen, die einem völlig realistisch vorkommen, während man sie hat, dann aber zu bröckeln beginnen, bis man weiß, dass sie doch nicht wirklich sind. Lindley musste ihn tatsächlich aufgeweckt haben; vermutlich hatte er ihn sogar im Schlaf reden gehört, was erklärte, dass er Gregory erwähnt hatte. Er sollte lieber vorsichtig sein. Das Letzte, was er gebrauchen konnte, war der Ruf, sich mit Fantasiewesen zu unterhalten.

Als Joseph wieder an seinem Arbeitsplatz ankam, sah alles ganz normal aus. Keine Spur von einer sprechenden Kakerlake. Joseph setzte sich mit einem Seufzen hin und schüttelte kläglich den Kopf. Er nahm ein weiteres Blatt Papier mit trostlosen Zahlen in die Hand und fiel vor Schreck fast vom Stuhl, als er Gregory auf dem Schreibtisch auf einem verirrten Stück Korrekturband herumkauen sah.

»Mann, das Zeug schmeckt echt klasse. Mein Großvater war seinerzeit ganz süchtig danach, aber heutzutage findet man es kaum noch in Büros.«

»Tja, ich nehme an, das ist der Preis des Fort-schritts«, erwiderte Joseph mit leiser Stimme, da ihm das Herz bis zum Hals schlug und seine Worte er-stickte.

»Ja, und Buchbindekleber ist inzwischen auch viel seltener geworden.«

»Ist das der Grund, warum einige meiner Bücher langsam auseinanderfallen?«

»Dazu verweigere ich die Aussage. Außerdem ist das hier sowieso noch besser. Stell einfach eine Schüs-sel davon hin, und ich verspreche dir, dass deine Bücher in Sicherheit sind.«

»Ich halte das nicht aus«, murmelte Joseph, in ers-ter Linie zu sich selbst. Dann wandte er sich an Gre-gory: »Um von appetitlicheren Dingen zu sprechen, ich muss los, um Doughnuts und Kaffee zu holen, wie du wahrscheinlich gehört hast. Bitte tu mir einen Gefallen und sei nicht mehr da, wenn ich zurück-komme, okay? Nichts für ungut, aber das darf einfach nicht wahr sein.«

Gregory hüpfte wieder auf den Bleistiftspitzer und meldete sich zu Wort: »Kann ich mitkommen? Ich nehme meine Kinder auch manchmal mit dorthin. Nein, nein, nicht was du denkst«, fügte er hinzu, als Joseph wieder aussah, als würde ihm übel. »Wir ma-chen uns nur in der Mülltonne zu schaffen, Ehren-wort.«

»Ich werde dich nicht tragen, Herrgott noch mal, also wie willst du mitkommen?«

»Der Laden ist nur ein paar Häuser entfernt. Ich werde einfach an der Hauswand entlangkrabbeln.«

Joseph schauderte bei der Vorstellung, hatte aber keine Lust, mit einer Schabe zu diskutieren.

»Wie du willst.«

Als sie den halben Block von Bürogebäuden entlanggingen, vergewisserte sich Joseph, dass niemand hersah oder ihm zuhörte, ehe er Gregory ansprach.

»Ich hätte es ja nie für möglich gehalten, dass Kakerlaken eine ganze Überlebensphilosophie haben.«

»Bis vor ein paar Stunden hättest du auch nicht geglaubt, dass wir sprechen können.«

»Je länger ich darüber nachdenke, was du über Furcht gesagt hast, desto mehr Sinn ergibt es, aber kann es mir wirklich bei der Arbeit helfen, im Umgang mit Leuten wie Harsh?«

»Sieh mal, Mr. Harshfeld ist genauso verängstigt wie du. Du darfst nicht vergessen, dass nicht er dein Problem ist, sondern das, was du dir zusammenkonstruierst. Du hast ihn zu einem riesigen Schreckgespenst gemacht, aber wenn du einen Blick hinter die hässliche Maske wirfst, wirst du sehen, dass er so harmlos ist wie ein alter arthritischer Hund ohne Zähne, der einen mit seinem Bellen nur erschreckt. Sobald du diese alberne Illusion fallen lässt, wirst du erstaunt sein, dass er dir überhaupt jemals Furcht eingeflößt hat.«

»Und wie funktioniert das?«

»Ganz einfach. Er lebt in ständiger Angst, gebeutelt von jedem, der die Dinge kontrolliert, die er sich wünscht oder vor denen er sich fürchtet. Du konzentrierst dich dagegen nur auf das, was du auch erreichen kannst, und hörst auf, dich um alles Übrige zu kümmern. Du überlebst und entwickelst dich weiter. Er scheitert.«

»Meinst du so, wie die Kakerlaken überlebt haben, nachdem die Dinosaurier ausgestorben sind?«

»Ja, genau so.«

»Aber das Überleben ist doch nie gesichert. Wenn jemand kommen und gegen die Wand schlagen würde, wärst du auf der Stelle erledigt.«

»Na und? Ich bin schließlich nur eine Kakerlake und nicht der Gott aller Insekten. Ich lebe nur eine kurze Weile, dann wird es Zeit für mich, jemand anderem Platz zu machen.«

»Mann, klingt das abgebrüht.«

»Ganz und gar nicht. Abgebrüht ist es, sich selbst das Fenster der Gelegenheit vor der Nase zuzuschlagen, anstatt hindurchzuklettern.«

»Wo du es gerade erwähnst: Witzigerweise hat ja mein Arbeitsplatz gar keine Fenster.« Joseph dachte an die kahlen Trennwände, zwischen denen er während seiner Arbeitszeit gefangen war, und ihm wurde bewusst, dass man sie problemlos abbauen und binnen Minuten woanders wieder aufstellen könnte, ohne irgendwelche Spuren davon, dass er sich innerhalb der Umgrenzung aufgehalten hatte.

»Dann wirst du dir vermutlich selbst Fenster schaffen müssen, habe ich recht?«

Gregory wartete vor der Tür, während Joseph in die kleine Bäckerei ging, um Kaffee und Doughnuts zu holen. Auf dem Rückweg unterhielten sie sich weiter, und Joseph vergaß, sich zu vergewissern, ob die Luft rein war, bevor er die Lobby des Gebäudes betrat, in dem er arbeitete. Er blieb hinter einer jungen Frau stehen, die auf den Aufzug wartete; sie war neu in der Firma, und ihr Arbeitsplatz war zwei Reihen von Josephs entfernt.

»Haben Sie was gesagt?«, fragte sie und blickte argwöhnisch über Josephs Schulter.

»Nein, Madam, habe ich nicht.«

»Sie haben nicht mit Ihrem Handy telefoniert, oder so?«

»Nein, nichts dergleichen.«

Nachdem sie sich wieder umgedreht hatte, um auf den Aufzug zu warten, krabbelte Gregory an der Wand hoch und schrie aus vollem Hals, sodass ihn die Frau gerade eben hören konnte.

»Hey, wie lautet Ihre Telefonnummer?«

Sie fuhr wieder herum und fragte Joseph verärgert: »Haben Sie ein Problem?«

Er lief vor Scham rot an und stotterte: »Nein, nein, ich … ich … äh … habe nur ein Insekt, äh, einen Infekt und musste niesen, das ist alles.«

Da sie Joseph noch immer fixierte, nachdem er zu Ende gesprochen hatte, beschloss er, dass heute ein guter Tag war, um die Treppe zu nehmen – fünfter Stock hin oder her. Auf dem Weg nach oben wunderte er sich nur kurz, als er sah, dass Gregory auf Augenhöhe an der Betonwand mit ihm Schritt hielt.

»Jetzt habe ich es gerade wirklich mit der Angst zu tun bekommen. Ich dachte schon, sie schlägt mich gleich mit ihrem Schuh.«

»Nein, das hätte sie nur dann getan, wenn sie mich gesehen hätte, aber es tut mir leid. Ich wollte nur demonstrieren, wie leicht man dir einen Schrecken einjagen kann.«

»Jetzt mach mal halblang. Jeder würde einen Schrecken bekommen, wenn eine sprechende Kakerlake es darauf abgesehen hätte, ihn in Schwierigkeiten zu bringen. Aber in gewisser Weise hast du recht. Um es mit deinen Worten zu sagen, muss ich mir wahrscheinlich einen härteren Panzer wachsen lassen.«

»Gut formuliert, Joseph, aber du *hast* nicht mal einen Panzer. Im Moment bist du wie ein Dodo: ein nettes Wesen, aber völlig wehrlos – und selbst in die Offensive gehen kannst du auch nicht.«

»Und was soll ich dann tun? Gibt es noch Hoffnung für mich, oder bin ich zum Scheitern verurteilt wie ein Dodo?«

»Du hast jede Menge Potenzial, Joseph, wir müssen es nur ausschöpfen. Wer weiß, vielleicht würdest du sogar eine gute Kakerlake abgeben.«

»Danke, schon möglich. Heißt das also, du fängst an, mir deine Kakerlaken-Gebote beizubringen?«

»Wir haben bereits angefangen.«

»Tatsächlich?«

»Ja, ich habe dir das erste Gebot beigebracht, das du auf deinem Computerbildschirm nachlesen kannst: ›Du hast nichts zu fürchten außer dir selbst.‹«

»Hey, soll das heißen, ich mache bereits Fortschritte? Super!«

»Freu dich nicht zu früh. Das erste Gebot schafft nur die Voraussetzungen, die nächsten neun verlangen dagegen nach harter Arbeit.«

»Was könnte härter sein als zu lernen, wie man furchtlos wird?«

»Zunächst einmal hast du bislang nur davon gehört, dass man furchtlos werden kann. Das wird man nämlich erst, nachdem man gelernt hat, wie man überlebt und gedeiht, selbst wenn man zerquetscht oder enthauptet worden ist, das Herz herausgeschnitten bekommen hat, vergiftet worden ist, mit dem Fluch kollektiven Hasses leben muss, ganz zu schweigen von ...«

»Hey, hey, jetzt versuchst du schon wieder, mir Angst einzujagen, nicht wahr?«, sagte Joseph lachend.

»Ganz und gar nicht. Wenn das meine Absicht gewesen wäre, hätte ich dir von dem Familientreffen erzählt, das wir vor Kurzem in deiner Keksdose abgehalten haben.«

Joseph erstarrte vor Entsetzen, als er sich vorstellte, wie er blind nach einer Handvoll Keksen griff, was er gewöhnlich mehrmals täglich tat.

»Ich habe doch nur Spaß gemacht, mein Freund, du musst lockerer werden. Und jetzt machen wir uns wieder an die Arbeit.«

3. Kapitel
Die Partnerin

Joseph stöhnte, als um sieben Uhr der Wecker klingelte. Am Tag vorher war er zwar viel früher aufgestanden, doch nach einem langen Arbeitstag und seiner beunruhigenden Begegnung mit einer sprechenden Kakerlake verspürte er ein starkes Bedürfnis nach mehr Schlaf. Er streckte die Hand aus, um das schreckliche, Nebelhorn-ähnliche Gerät auszuschalten. Es war als Geschenk von Monica in sein Leben getreten, und er wünschte sich, das bescheuerte Ding würde endlich den Geist aufgeben oder einem Kurzschluss zum Opfer fallen – egal was, Hauptsache, es würde auf Dauer verstummen. Dazu bestand allerdings keinerlei Hoffnung. Monica kaufte nur das Beste vom Besten. Sie hatte ihm den Rolls Royce unter den Weckern geschenkt, und nicht einmal ein Maschinengewehr würde den zum Schweigen bringen.

»Bist du wach, Joseph?« Monicas Stimme durchschnitt den Dunstschleier, von dem er sich willentlich hatte umnebeln lassen.

»Ja, jetzt schon.«

»Könntest du mal kurz herkommen? Ich muss dich was fragen.«

Er schwang die Beine über die Bettkante und wäre dabei fast flach aufs Gesicht gefallen. In all den Jahren zwischen seinem College-Abschluss und seinem Einzug bei Monica Primson vor vier Monaten hatte er in Apartments gewohnt, in denen er auf Matratzen mit integriertem Lattenrost geschlafen hatte – eine Konstruktion, auf der man sich leicht niederlassen und von der man sich ebenso leicht wieder erheben konnte. Jetzt teilte er sich dagegen ein Bett, das über ein riesiges Metallgestell verfügte und so hoch war, dass seine Füße fünfzehn Zentimeter über dem Boden baumelten, wenn er sich auf die Bettkante setzte. Er hatte den Dreh immer noch nicht heraus. Viele Tage begannen damit, dass er mit rudernden Armen aus dem Schlafzimmer stolperte, als sei er eine Treppe hinuntergelaufen und habe die letzte Stufe verpasst.

Joseph taumelte ins Badezimmer, spritzte sich kaltes Wasser ins Gesicht und trocknete sich ab. Er vermied Blickkontakt mit dem mitgenommenen Gesicht im Spiegel und ging ins geräumige Wohnzimmer.

Monica, die lange vor Josephs Einzug den besten Platz an der Fensterfront für ihre Morgengymnastik beschlagnahmt hatte, trabte rasanten Schrittes auf ihrem Laufband. Auf dem Fernseher vor ihr lief CNN, und zu ihrer Linken waren auf einem erhöhten Kaffeetisch drei Zeitungen, vier Zeitschriften und zwei Bücher drapiert. Dank ihrer für Joseph unbegreiflichen Koordinationsfähigkeit war Monica in der Lage, sie alle zu überfliegen, ohne dabei aus dem Rhythmus zu kommen oder irgendetwas Wichtiges in den Nachrichten zu verpassen.

Auf einem dazu passenden Tisch zu ihrer Rechten stand eine große Plastiktasse mit Deckel, aus der sie mit einem Strohhalm einen Fruchtshake trank, und daneben lag ein weiterer von den Müsliriegeln, die es in dem Bioladen in der Nähe ihres Büros in unendlich großer Vielfalt zu kaufen gab. Er sah aus wie ein ramponierter Geldbeutel.

Monica stellte das Laufband niemals auf Steigung, obwohl sie diese mit Leichtigkeit bewältigt hätte. Sie befürchtete, zu kräftige Muskeln zu bekommen, die einer dynamischen Fachanwältin für Forderungsklagen, die sowohl vor Gericht als auch im Büro feminin wirken wollte, nicht schmeicheln würden. Unter den wachsamen Augen ihres Vaters erklomm Monica die Karriereleiter in der Anwaltskanzlei, in der dieser einer der geschäftsführenden Teilhaber war.

Am College hatte sie zu den Besten in der Damen-Rudermannschaft gehört. Sie war einen Meter dreiundachtzig groß, und das Rudern hatte ihre robuste Statur, die ihr bereits in die Wiege gelegt worden war, noch kräftiger gemacht. Joseph hatte Fotos von ihr aus der damaligen Zeit gesehen, die sie strahlend und glücklich mit ihren Mannschaftskolleginnen zeigten – eine Schönheit in ihrem Element. Als er das letzte Mal versucht hatte, ihr das zu sagen, hatte sie seine Bemerkung abgetan.

Joseph ging zum Kühlschrank, schenkte sich ein Glas Orangensaft ein und trank es an dem Stehtisch, der ihre kleine Küche vom Wohnzimmer trennte. Monica sah ihn von der anderen Seite des Zimmers aus an.

»Hast du immer noch vor, mich diesen Samstag zum Frühlingsfest deiner Firma im Park mitzunehmen? Dads Kanzlei hat auch eine Einladung bekommen, weil wir uns um eure rechtlichen Angelegenheiten kümmern, und alle gehen hin, alle Partner mit ihren Frauen.«

Da er das Picknick völlig vergessen hatte, versuchte er es mit einem Ablenkungsmanöver. »Oh, ich wusste gar nicht, dass uns eure Kanzlei Frauen zugesteht, die wir mitschleifen können.«

»Jetzt lenk mal nicht vom Thema ab«, ermahnte sie ihn in einem Gerichtssaal-Tonfall. »Solche Veranstaltungen sind wichtiger, als dir bewusst ist.«

»Ich weiß noch nicht, ob ich hingehen kann. Harsh hat gestern was davon gesagt, dass ich Freitag und Samstag vielleicht weg muss, auf irgend so ein Firmenvertreter-Meeting zu einem neuen Produkt, das bald auf den Markt kommt.«

»Oh, bitte«, spottete Monica. »Über was für ein

neues Produkt muss eine Firma für Sanitärbedarf denn sprechen, über eine beheizte Klobrille?«

»Aber, Monica, du sagst mir doch immer, dass ich mehr Hebel in Bewegung setzen soll, um mehr Provision zu kassieren – oder vielleicht sollte man besser sagen, mehr Klinken putzen soll.« Er grinste über seinen Scherz, doch sie teilte seine Freude nicht.

Dann tat Monica etwas, das Joseph noch nie bei ihr erlebt hatte: Sie hielt das Laufband an, bevor die Zeituhr abgelaufen war. Die Angelegenheit musste ernst sein, dachte er. Sie stieg von dem Gerät und warf Joseph einen verärgerten Blick zu.

»Du lässt dich von diesem schrecklichen Kerl schon wieder kurzfristig am Wochenende weiß Gott wohin schicken? Wir hatten Pläne. Du hast es mir versprochen. Ich kann da einfach nicht allein hingehen, das würde einen miserablen Eindruck machen.«

Joseph war Monicas Wutausbrüche inzwischen gewöhnt, die so häufig waren, dass sie bereits zu ihrem Alltag gehörten, doch diesmal war sie wirklich aufgebracht, und das Beben in ihrer Stimme verunsicherte ihn.

»Also gut, Monica, ich werde Harsh heute noch mal fragen, okay? Er hat nicht gesagt, dass ich sicher wegfahren muss, also gibt es vielleicht gar keinen Grund sich aufzuregen.«

»Redest du gleich als Erstes mit ihm darüber?«

»Ja, versprochen.«

»Okay.« Sie nickte bestimmt, schaltete das Laufband wieder ein und erklomm es erneut.

»Ich rufe dich heute um zehn Uhr an, um zu hören, wie es gelaufen ist.«

»Toll, das hat mir gerade noch gefehlt«, murmelte Joseph vor sich hin.

»Was hast du gesagt?«

»Ich habe gesagt, meine Nummer ist ja schnell gewählt.«

Ihre Wohnung befand sich an der Ecke eines aus drei Häuserblocks bestehenden Viertels, das nach fünf Uhr nachmittags das einzige gehobene gesellschaftliche Leben in der ganzen Stadt Buffalo bot. Weder Monica noch Joseph nahmen viel daran teil, zumindest nicht, seitdem er bei ihr eingezogen war.

Joseph hatte sie zu Beginn des vorangegangenen Herbstes in einer schummrigen Martini-Bar namens »Chrysler« kennengelernt, die bereits wieder geschlossen hatte, als er in der ersten Dezemberwoche in Monicas Wohnung eingezogen war. Zusammengebracht hatte die beiden die Singleveranstaltung, die jeden Samstagabend in der Bar stattgefunden hatte. Bei dieser Veranstaltung mussten die Frauen ihre Visitenkarten in einen Hut werfen und die Männer ihre Karten in einen anderen. Nachdem aus jedem Hut fünf beliebige Karten gezogen worden waren, wurden die glücklichen Paare miteinander verkuppelt und in einer halb privaten Nische im hinteren

Teil der Bar mit Martinis auf Kosten des Hauses versorgt.

Als Thanksgiving nahte, stellte Joseph fest, dass Monica und er ein Paar waren. Die offizielle Mitteilung, dass ihre Verbindung besiegelt war, kam in Form der Einladung, mit ihr zum Thanksgiving-Dinner auf dem Anwesen ihrer Eltern in Amherst zu erscheinen. Monicas Eltern hatten ihn nicht gerade mit Zuneigung überschüttet und ohne es auszusprechen klargestellt, dass Joseph nur deshalb dabei war, weil sich noch kein geeigneterer Anwärter gemeldet hatte.

Die drei Kilometer zur Anwaltskanzlei ihres Vaters legte Monica morgens bei jedem Wetter im Laufschritt mit leichten Joggingschuhen zurück, die sie in ihrem Büro gegen Schuhe mit Absatz tauschte, von denen sie eine Sammlung besaß, die den größten Teil des Kleiderschranks in Anspruch nahm. Joseph sagte immer, sie sei auf dem besten Weg, die Imelda Marcos der Rechtsverdreher zu werden. Man musste ihr zwar zugutehalten, dass sie das sogar halbwegs lustig fand, doch ihrer zwanghaften Schuhkaufsucht tat es keinen Abbruch.

Um zur Arbeit zu kommen, musste Joseph einen beschwerlichen Weg ins Ortszentrum von Niagara Falls, der Nachbarstadt von Buffalo, zurücklegen, wo seine Firma ein altes, baufälliges Gebäude für ihre regionale Hauptniederlassung gemietet hatte. Drei Etagen waren der Lagerung von Inventar gewidmet, zwei weitere beherbergten die Verwaltungs-, Verkaufs- und Marketingabteilung. Etwa die Hälfte seiner Arbeitszeit verbrachte Joseph auf Dienstreisen, was eine eintönige Aufeinanderfolge von Ein-Sterne-Hotels bedeutete, in denen die Fernbedienungen der Fernseher an Möbelstücken festgeschraubt waren. Es hatte den Anschein, als sei sein Arbeitgeber fest entschlossen, ihm unabhängig davon, wie weit er reiste, Zimmer in Unterkünften zu suchen, die dem Niveau der einstöckigen Motels im Siebzigerjahre-Stil entlang des Niagara Falls Boulevard entsprachen, deren Handtücher rochen wie Zigarettenqualm aus dem vergangenen Jahr.

Nachdem Joseph sich geduscht und angezogen hatte, gab er Monica einen flüchtigen Kuss auf die Wange, wobei er darauf achtete, sich nicht ihren Zorn zuzuziehen, indem er das kunstvoll aufgetragene Make-up verschmierte, füllte den restlichen Kaffee in einen Reisebecher und eilte nach draußen zu seinem Wagen. Es war ein wunderschöner Frühlingsmorgen von der Sorte, bei der die Bewohner von Buffalo das Bedürfnis verspürten, auf die Knie zu fallen und den Wettergöttern zu danken, die beschlossen hatten, ihnen endlich eine Verschnaufpause zu gönnen. Joseph war so gut gelaunt, dass er auf dem ganzen Weg zu seinem Auto eine fröhliche Melodie pfiff.

Er schlüpfte hinters Lenkrad, stürzte einen großen Schluck Kaffee hinunter und befestigte seinen Becher in der Halterung zwischen den Vordersitzen.

Der Motor seines Kleinwagens war Joseph noch nie viel kräftiger vorgekommen als der des alten Sitzrasenmähers seines Vaters, doch er erwachte jedes Mal auf Kommando zum Leben. Nachdem Joseph den Rückwärtsgang eingelegt hatte, hielt er nach anderen Fahrzeugen Ausschau, ehe er aus seiner Parklücke fuhr, und schaltete das Gebläse auf die höchste Stufe, damit sich die dünne Schicht Morgenfrost auf seiner Windschutzscheibe rasch auflöste.

Plötzlich schoss ein graubraunes Ding mit Flügeln aus der Warmluftdüse und krallte sich an der Innenseite der Windschutzscheibe fest. Allerdings nur für den Bruchteil einer Sekunde, ehe es einige Zentimeter weiter nach oben gedrückt wurde, wo es schließlich Halt fand, indem es zum Bremsen seine vier Flügel ausklappte wie ein Dragster seine Fallschirme nach der Ziellinie.

Joseph verschluckte sich an seinem Kaffee und bekam einen Hustenanfall, der die Scheibe vor ihm hellbraun sprenkelte. Als er sich wieder unter Kontrolle hatte, sah er genauer hin und stellte fest, dass das Ding dem Kaffee irgendwie ausgewichen war. Es hockte jetzt auf dem Armaturenbrett und sah ihn an.

Es war Gregory!

»Mein Gott«, krächzte Joseph. »Wie bist du denn hier reingekommen?«

»Puh, das war ein wilder Ritt. Ich war da oben, habe mich gesonnt und bin auf einer Wollmaus eingeschlafen. Als du die Tür geöffnet hast, bin ich aufgewacht, aber ich war völlig orientierungslos und bin in die Lüftungsdüse gefallen. Und der Rest, wie ihr Menschen so schön sagt, ist Geschichte.«

»Ich wusste gar nicht, dass du fliegen kannst.«

»Das kann ich auch nicht besonders gut. Ich benutze meine Flügel nur sehr selten«, sagte Gregory und flatterte zur Demonstration kurz mit ihnen, »aber sie haben mich abgebremst und verhindert, dass ich fortgeweht wurde.«

Joseph ließ sich wieder in den Sitz sinken und betrachtete die Sauerei vor ihm.

»Oh nein, wie soll ich das noch vor der Arbeit wegputzen?«

»Komm schon, so schlimm ist es nun auch wieder nicht. Du hast nichts auf die Kleidung bekommen, und da du eine Menge Zucker in deinen Kaffee tust«, und hier hielt Gregory inne, um eine Kostprobe aufzuschlecken, »könnte ich bestimmt ein paar Freunde zusammentrommeln, die dafür sorgen, dass dein Auto von innen wieder wie neu aussieht.«

»Ach, das ist ja toll, Reinigung durch Schädlingsbefall. Ich sollte eine Firma mit diesem Namen gründen.«

»Ich liefere die Angestellten – und sie arbeiten alle umsonst.«

»Sehr witzig. Wie wär's, wenn ich einfach reingehe und eine Rolle Küchentücher hole?«

»Verschwendung von gutem Kaffee, aber wie du meinst.«

Fünf Minuten später kam Joseph mit einer Rolle Küchentücher und Fensterreiniger zurück. Monica folgte ihm mit nach hinten zusammengebundenem Haar und strengem, ungeduldigen Blick.

»Wie in aller Welt hast du Kaffee innen an die Windschutzscheibe bekommen?«, fragte sie ihn, nachdem sie einen Blick ins Auto geworfen hatte.

»Ich nehme an, er ist mir im Hals stecken geblieben.«

»Kaffee, eine Flüssigkeit, ist dir im Hals stecken geblieben?«

»Na ja, dann habe ich mich eben daran verschluckt. Das ist im Handumdrehen weggeputzt. Soll ich dich ins Büro mitnehmen?«

»Mit diesem Ding?« Monica deutete auf den Kleinwagen aus den frühen Neunzigerjahren. »Die Putzfrauen werden mit besseren Autos abgesetzt. Außerdem ist das Wetter schön, und ich muss noch mein Walking-Programm absolvieren, was dir übrigens auch nicht schaden würde. Deine Taille könnte etwas Straffung vertragen.«

Joseph warf einen verlegenen Blick auf seinen Bauch.

»Was, ich soll den ganzen Weg bis zum Niagara Falls Boulevard zu Fuß gehen? Das würde den ganzen Tag dauern.«

»Warum fährst du dann nicht wenigstens früher hin und gehst zu den Wasserfällen hinunter? Im Park gibt es ein paar schöne Fußwege.«

»Gute Idee, vielleicht werde ich das tun«, erwiderte Joseph, der nicht unhöflich sein und mit dem Wegwischen des Kaffees beginnen wollte, während Monica sprach, aber unbedingt loslegen wollte.

»Das bezweifle ich. Auf jeden Fall muss ich jetzt los – ich rufe dich um zehn an«, und damit stapfte sie entschlossenen Schrittes in Richtung Gehsteig davon.

Als Joseph den Boulevard entlangfuhr, warf er immer wieder einen Blick zu Gregory hinüber, der auf dem Beifahrersitz saß. Er wollte die Hoffnung noch immer nicht ganz aufgeben, dass der neue Tag ohne sprechende Kakerlaken angebrochen war.

»Deine Monica ist eine erstaunliche Frau«, stellte Gregory fest.

»Ja, sie ist schon was Besonderes.«

»Sie erinnert mich an ein Insekt, das fast so hoch entwickelt ist wie wir Kakerlaken. An einen natürlichen Feind von uns, genauer gesagt.«

»Wenn sie einen schlechten Tag hat, erinnert sie mich eher an einen Elefanten im Porzellanladen als an irgendein Insekt.«

»Oh nein«, korrigierte ihn Gregory, »Monica entwickelt sich eindeutig zu einer Bienenkönigin.«

»Wie bitte?«, stieß Joseph hervor und drehte den Kopf, um Gregory anzustarren, als sie an einer Ampel warten mussten.

»In einem Bienenschwarm werden die künftigen Königinnen früh erkannt und von den Arbeiterinnen mit einer geleeartigen Masse eingerieben, die sie nach und nach in Königinnen verwandelt.«

»Das passiert dann wohl in der Anwaltskanzlei ihres Vaters.«

»Eine menschliche Variante davon, ja, und weißt du auch, was das aus dir macht?«

»Möchte ich es überhaupt wissen?«, fragte Joseph und richtete den Blick wieder auf die Straße, als der Verkehr sich erneut in Bewegung setzte.

»Eine Drohne.«

»Sind das nicht die Bienen, die nur existieren, um die Königin zu befruchten?«

»So ist es, und jetzt weißt du auch, wozu es die heimlichen Hochzeitspläne gibt.«

»Wie bitte? Das ergibt doch überhaupt keinen Sinn. Habe ich etwa kein Recht darauf, über meine eigene Hochzeit Bescheid zu wissen? Wann wollte sie es mir sagen?«

»Wenn du auf deinem Weg zum Drohnen-Dasein ein Stück weiter bist und aller Wahrscheinlichkeit nach nichts mehr dagegen einzuwenden hättest.«

»Was soll das denn für eine Beziehung sein?«

»Die Beziehung einer Bienenkönigin, Joseph. Macht zu teilen, ist nicht ihr Ding. In einem Bienenschwarm kann es nämlich nur eine Königin geben, und wenn es mehrere Anwärterinnen gibt, kommt es entweder zu einem Kampf auf Leben und Tod oder eine oder mehrere Königinnen fliegen zu einem anderen Bienenschwarm, wo sie gebraucht werden.«

»Und was hat der Kampf der Königinnen mit mir zu tun?«

»Erinnere dich an das erste Kakerlaken-Gebot: Monica entwickelt sich zu einer äußerst mächtigen Frau, und du lebst in ihrem Bienenstock. Du kannst entweder das Weite suchen, eine bessere Position für dich selbst heraushandeln oder einfach akzeptieren, dass du eine Drohne wirst – wozu du gerade auf dem besten Weg bist.«

Josephs Stimme wurde vor Empörung lauter. »Ich werde nicht zulassen, dass mir irgendeine Frau das antut!«

»Beruhige dich, Tiger. Mächtige Königinnen sind durchaus bewundernswert. Außerdem tut sie dir gar nichts an, sondern du machst dich selbst zur Drohne, weil du Angst vor ihr hast.«

»Okay, eine Frage habe ich noch an dich, nachdem wir gestern über Harsh und heute über Monica gesprochen haben. Wer von den beiden ist erbarmungsloser?«

»Das ist ganz leicht: Sie würde ihn bei lebendigem Leib verspeisen.«

»Ich bin erledigt«, stöhnte Joseph.

4. Kapitel
Hör nicht immer auf dein Herz

Joseph schaffte es zwar, rechtzeitig zur Arbeit zu erscheinen, erlebte dort jedoch einen Vormittag von der übelsten Sorte, den er mit Anrufen bei Bauunternehmern, Großhändlern und Einzelhändlern zubrachte, in der Hoffnung, Termine zu vereinbaren. Da er bereits lange genug im Geschäft war, wusste er, dass es im Durchschnitt drei Dutzend Anrufe bei Leuten bedurfte, die grundsätzlich nichts von ihm hören wollten, um bei einem eine Audienz zu bekommen, und wenn er Glück hatte, führte von den Terminen, die er vereinbarte, einer von fünfzehn dazu, dass eine Bestellung in Auftrag gegeben wurde.

Für ein Unternehmen, das landesweit operierte, war die in Niagara Falls angesiedelte und für den Nordosten der Vereinigten Staaten sowie für Kanada zuständige Verkaufsniederlassung klein, sodass Harsh jedem von ihnen eine Menge Zeit widmen konnte. Ein paar Monate zuvor hatte er den Geistesblitz gehabt, an sämtlichen Telefonen Zähler installieren zu lassen, die Aufschluss darüber gaben, wie viele Anrufe getätigt wurden, wie lange sie dauerten und an welche Nummern sie gingen – genau wie seine Kumpels, die unten in Boca Raton die Kleinaktien-Handelsräume leiteten.

Harsh saß immer an seinem Schreibtisch vor dem Bildschirm mit der Anruf-Statistik und führte akribisch Buch über seine sechs Vertreter, die an ihren durch Stellwände voneinander abgetrennten Arbeitsplätzen schufteten. Schon das geringste Anzeichen von nachlassenden Aktivitäten ließ ihn wütend aus seinem Büro stürmen, und Ausreden wurden von ihm grundsätzlich nicht akzeptiert. Da er nur ein bescheidenes Grundgehalt bezog und der Rest seiner Einkünfte von ihrer Leistung bestimmt wurde – was die einzige Sache war, die Lindley fest im Griff zu haben schien –, war er hoch motiviert, sie so unnachgiebig anzutreiben, wie er konnte. Und außerdem machte es ihm einfach Spaß.

Joseph hatte es bisher hinausgeschoben, Harsh wegen der eventuellen Dienstreise am Wochenende zu fragen, doch inzwischen war es Viertel vor zehn und er musste Monica irgendetwas berichten können. Falls er sie anlog – und es verblüffte ihn jedes Mal aufs Neue, dass sie ihn immer durchschaute –, würde sie so lange auf ihm herumhacken, bis die Schwindelei aufflog. Dem war die Konfrontation mit Harsh vorzuziehen.

Nachdem er Harsh an seinem Arbeitsplatz vorbeibrausen gehört hatte, streckte Joseph seinen Kopf zwischen den Stellwänden hinaus und sagte duckmäuserisch: »Entschuldigen Sie, Mr. Harshfeld?«

»Was gibt's denn, Joey, sehen Sie nicht, dass ich in Eile bin?«

Es fiel Joseph immer schwer, Sätze zu bilden, wenn Harsh sich vor ihm aufbaute, die Arme vor seiner breiten Brust verschränkt, doch diesmal gelang es ihm.

»Ich wollte Sie nur fragen, ob ich dieses Wochenende verreisen muss.«

»Oh, meinen Sie etwa zu diesem Meeting, das wir anberaumt haben?«

»Ja, ich glaube schon.«

»Welchen Tag haben wir heute, Joey?«

»Dienstag, Mr. Harshfeld.«

»Okay, und wann würden Sie losfahren?«

»Wahrscheinlich am Freitagmorgen«, erwiderte er, wohl wissend, Harsh würde darauf bestehen, dass er in aller Frühe aufbrach, anstatt ihm Abteilungsgelder für zwei Nächte in einem Hotelzimmer zuzuteilen, wenn das Ziel nicht außerordentlich weit entfernt war.

»Dann gebe ich Ihnen am Donnerstagnachmittag Bescheid. Wollten Sie mich noch etwas fragen?«

»Sonst fällt mir nichts ein, nein.«

»Dann machen Sie sich wieder an die Arbeit«, befahl Harsh und stiefelte in sein Büro zu seiner geliebten Zählmaschine.

»Hey, Joseph, wie geht's?«, fragte ein paar Minuten vor zehn eine wesentlich angenehmere Stimme, die eine umgehende lindernde Wirkung hatte, und zwar sowohl, was den noch nachklingenden stechenden Schmerz wegen des Zwischenfalls mit Harsh betraf als auch die Angst vor Monicas Anruf.

»Guten Morgen, Karen«, entgegnete er und versuchte, seine Stimme zu beruhigen, obwohl er spürte, dass es ihm die Brust zusammenschnürte wie jedes Mal, wenn er sie sah. »Was gibt's Neues?«

Karen hatte langes dunkles Haar, das sie heute offen trug. Es floss ihr fast über den ganzen Rücken hinab und passte hervorragend zu dem grauen Kaschmirpullover, den Jeans und den Stiefeln, die sie trug. Sie war immer gut gekleidet, aber nie aufgedonnert, und ihr Make-up war stets dezent. Und sie strahlte ein natürliches Selbstbewusstsein aus, das unterstrich, wie hübsch sie war.

»Nicht viel«, antwortete sie, »ich versuche nur, den nächsten Schwung Anzeigen rechtzeitig fertig zu bekommen, das ist alles.«

»Mann, ihr Marketing-Leute habt vielleicht ein Leben. Niemand schreit euch an, ihr könnt kreativ sein … und ihr habt richtige Büros.«

Sie zuckte mit den Achseln, während sie mit einer Schulter am Eingang zu seinem Arbeitsplatz lehnte, der die Größe eines Wandschranks hatte.

»Es ist nicht übel, aber sobald unsere Sachen nicht

mehr funktionieren, sind wir geliefert, und das wissen wir auch.«

»Und das macht euch keine Sorgen?«

»Warum sollte es? Wir sprechen hier ja nicht gerade von der Crème de la crème der Werbebranche. Hey, ein paar von uns gehen zum Mittagessen rüber ins Alcorn's. Möchtest du mitkommen?«

Er hatte das Gefühl, als sei soeben ein Licht in ihm angeschaltet worden.

»Klar, natürlich, das heißt, wenn es dir nichts ausmacht.«

»Ausmacht?« Sie runzelte ein wenig die Stirn, was sie nur noch attraktiver machte. »Habe ich dich nicht gerade eingeladen?«

»Stimmt, das hast du, wie wär's …«

Das Telefon schnitt Joseph das Wort ab, und sein Mut verließ ihn, als er die Nummer auf dem Display sah.

Monica.

Karen verstand offenbar, was ihn erwartete, und sagte: »Also, wir treffen uns um zwölf unten, okay?«

Joseph nickte zustimmend und nahm den Hörer ab.

»Joseph?«

»Hi, Monica, wie läuft dein Vormittag?«

»Gut. Hast du mit Harshfeld gesprochen?«

»Natürlich habe ich das. Ich habe ihm gesagt, dass es nicht fair wäre, mich schon wieder so kurzfristig loszuschicken, und dass ich schon Pläne hätte, also haben wir uns darauf geeinigt, dass ich nur dann fahren muss, wenn er wirklich niemand anderen findet.«

»Tatsächlich?«, fragte sie argwöhnisch.

»Ich schwöre, das ist die Wahrheit.«

»Das will ich auch hoffen, sonst …«

Joseph brachte den Rest des Gesprächs per Autopilot hinter sich und blieb in diesem Modus, bis es Zeit fürs Mittagessen war.

Beim Alcorn's handelte es sich um einen drei Kilometer entfernten Pub, der bei Josephs Arbeitskollegen in letzter Zeit äußerst beliebt war. Er selbst war allerdings bislang noch nicht dort gewesen. Karens Angebot zu fahren kam Joseph entgegen, da er befürchtete, beim Saubermachen in seiner Hektik den einen oder anderen Kaffeespritzer übersehen zu haben. Außerdem war er begeistert von ihrem Wagen, einem Ford Mustang aus den späten Sechzigerjahren, den sie eigenhändig restauriert hatte, wenngleich ihr das kaum einer ihrer männlichen Kollegen glaubte. Joseph hatte ihr genug Fragen dazu gestellt, um zu wissen, dass ihre Leidenschaft echt war und dass sie zahlreiche Wochenenden in ihrer Garage verbrachte, wo sie alle erdenklichen Arbeiten selbst ausführte.

Mit Karen zusammen zu sein war aufregend. Das lag nicht nur an ihrem attraktiven Äußeren, sondern auch daran, dass sie obendrein schlau, witzig und voller Energie war – und dass Monica ihn umgebracht hätte, wenn sie dahintergekommen wäre.

Nach ihren Begriffen war »nur zusammen Mittag essen« nicht gleichbedeutend mit Unschuld. Sie wurden zu einem Tisch für acht Personen geführt, an dem noch niemand saß.

»Haben die anderen es sich doch anders überlegt?«, fragte er und spürte Hoffnung in sich aufkeimen.

»Ach, ein paar tauchen bestimmt noch auf. Das ist eine ziemlich zwanglose Angelegenheit. Willst du schon mal in die Speisekarte schauen?«

In den nächsten Minuten tauchten tatsächlich noch drei Arbeitskollegen von ihnen auf, worüber Joseph sich nicht gerade freute, da es sich jedoch um Kolleginnen von Karen handelte, ließ er sich die Laune nicht verderben. Das änderte sich allerdings, als er nach draußen blickte und einen leuchtend roten Dodge Intrepid mit übergroßen Reifen vorfahren sah.

Ein stämmiger, mittelgroßer Mann, der ungefähr im gleichen Alter war wie Joseph, stieg aus. Er trug Bundfaltenhosen und einen Strickpullover mit V-Ausschnitt, aus dem ein dichtes Gewirr dunkler Brustbehaarung hervorquoll. Er warf den Kopf nach hinten und wischte sich seine langen Haarsträhnen mit einer betont lässigen Geste aus der Stirn, die er alle drei Minuten wiederholte. Es handelte sich um Gerald Smith, den selbst ernannten Frauenheld der Firma und ebenso selbst ernannten Thronfolger von Harshfeld.

»Den habt ihr eingeladen?«, erkundigte sich Joseph in der Hoffnung, dass Smith gekommen war, um sich mit einer anderen Gruppe zu treffen.

»Klar, warum nicht?«, erwiderte eine der jungen Frauen. »Er ist witzig.«

Karen warf Joseph einen Blick zu und rollte mit den Augen, worauf er sich besser fühlte – bis Smith zum Tisch angetanzt kam, alle Frauen flüchtig auf den Scheitel küsste, Joseph kaum merklich zunickte und sich auf der anderen Seite neben Karen niederließ. Zu allem Überfluss fing er dann auch noch an, über Autos zu reden, womit er Karens Aufmerksamkeit fesselte und Joseph ins Abseits manövrierte, der Angst hatte, sich an einer Unterhaltung zu beteiligen, bei der ihn seine Unwissenheit schnell blamieren würde. Zu seinem Pech schien Smith genug über die Probleme der Instandhaltung von Oldtimern zu wissen, um Karens Interesse aufrechtzuerhalten.

Smith hatte einige Monate nach Joseph angefangen, in der Verkaufsabteilung zu arbeiten. Obwohl seine und Josephs Zahlen immer annähernd gleich waren, gelang es ihm aus unerfindlichen Gründen, Harshs Zorn zu entgehen, und er hatte es sogar geschafft, zu einer Art Maskottchen der Herren-Eishockeymannschaft zu werden, zu deren stolzen Mitgliedern sich auch Harsh zählte. Smith wurde nur selten auf eine der leidigen Wochenend-Vertreterreisen geschickt, es sei denn, sie hatte ein Ziel nach seinem Geschmack, und irgendwie brachte er es fertig, in besseren Hotels zu übernachten und in besseren Restaurants zu essen als Joseph.

Nach einer Weile brach Smith die Autogespräche ab und ergötzte seine Tischnachbarn stattdessen mit Firmentratsch, von dem niemand erfahren durfte, doch was machte das schon, wenn alle versprachen, ihn für sich zu behalten? Außerdem hatte er Spaß daran, sich über Harsh und Lindley hinter deren Rücken lustig zu machen, und gab Geschichten zum Besten, wie er sich gegenüber den beiden behauptete – eine Heldentat, die in der Firmengeschichte ihresgleichen suchte.

Noch schlimmer als der ganze Müll, den Smith von sich gab, war die Erkenntnis, dass Karens Interesse an ihm zuzunehmen schien. Joseph fühlte sich mittlerweile erbärmlich und wünschte sich sehnlichst, er hätte niemals eingewilligt mitzukommen.

Auf dem Rückweg ins Büro saß Joseph wortlos und schmollend im Auto, während Karen fuhr.

»Hey, stimmt mit dir irgendwas nicht? Du wirkst so niedergeschlagen.«

»Das ist nur wegen Smith, diesem Dummschwätzer.«

Karen lachte. »Davon lässt du dir die Laune verderben? Er ist kein übler Kerl, soweit ich es beurteilen kann, und er kennt sich mit Oldtimern aus.«

»Hoffentlich überfährt ihn einer«, murmelte Joseph finster.

»Was hast du gesagt? Ich habe dich nicht verstanden.«

»Nichts, aber weißt du, so wie er über die Arbeit spricht, könnte man denken, dass ihn die Firma zum König ernennen wird.«

»Er war in den letzten Monaten der beste Verkäufer, oder nicht?«, erwiderte Karen und bemerkte dann ihren Fehler. »Ich weiß natürlich, dass du ihm dicht auf den Fersen bist.«

Joseph machte sich nicht die Mühe, sie zu korrigieren, sondern starrte für den Rest der Fahrt zum Fenster hinaus.

Nachdem sich wesentlich später am Tag alle Arbeitsplätze in Josephs Umgebung geleert hatten und er den seinen ebenfalls gerade verlassen wollte, tauchte Gregory an seiner Schreibtischkante auf.

»Wie ist das Mittagessen mit Karen gelaufen?«

»Darüber will ich nicht reden.«

»Das habe ich mir schon gedacht. Du wirkst ziemlich bedrückt, seit du wieder da bist. Flirtest du nach wie vor nur mit ihr oder hast du inzwischen ernstere Absichten?«

Joseph zog empört seine Krawatte gerade und setzte sich steif auf.

»Wir haben uns zwar vorhin über Bienen und dergleichen unterhalten, aber du weißt ganz genau, dass ich Monica verpflichtet bin. Was ist eigentlich mit dir los?«

»Mit mir? Nichts. Ich habe fünftausend Kinder und

Enkelkinder mit derselben Frau und bin nie fremd-
gegangen. Du dagegen suchst bereits nach Abwechslung, bevor du auch nur einen einzigen Nachkom-
men produziert hast – ganz schön flatterhaft, würde
ich sagen.«

»Hör mal, Gregory, ich will ehrlich zu dir sein.
Karen bewirkt etwas in mir, was ich noch nie zuvor
erlebt habe. Es kommt mir vor, als wären wir füreinander geschaffen, aber du bist schließlich eine Kakerlake und kannst unmöglich wissen, wie das mit
den Herzensangelegenheiten bei Menschen ist.«

»Ich weiß allerdings eine sehr wichtige Sache.«

»Und die wäre?«

»Das zweite Kakerlaken-Gebot: Hör nicht immer
auf dein Herz.«

»Das ist doch völliger Blödsinn. Willst du mir etwa
erzählen, dass du nicht an die Liebe glaubst und
daran, dass man seinen Seelenverwandten finden
kann?«

»Das habe ich nicht gesagt. Vergiss nicht, das Gebot lautet: Hör nicht immer auf dein Herz – es lautet
nicht, hör *nie* darauf. Aber das Problem ist, dass das,
was ihr Menschen für das Raunen eures Herzens hal-
tet, in der Regel nichts anderes als chemische Reak-
tionen sind, die im Laufe jahrmillionenlanger Evolution verstärkt wurden.«

»Falls du denkst, dass das erklärt, was ich momentan fühle, bist du nicht ganz richtig im Kopf.«

»Nein, du bist im Moment nicht ganz richtig

im Kopf, und schuld daran ist ein ganz besonderer Duft.«

»Soll das heißen, Karen benutzt ein besonderes Parfüm, um diese Gefühle in mir auszulösen? Das ist ja noch bescheuerter.«

»Genau, obwohl sie es wahrscheinlich gar nicht weiß. Bei Kakerlaken und vielen anderen Insekten wird dieser besondere Duft durch sogenannte Pheromone erzeugt. Die Weibchen stoßen sie aus, sobald sie bereit zur Brautwerbung und zur Fortpflanzung sind. Sie gelangen in die Luft, und Männchen, die eine Nase voll davon abkriegen, kommen angelaufen, weil sie darauf programmiert sind.«

»Aber das gilt nur für Insekten! Menschen können denken und Entscheidungen treffen«, erwiderte Joseph, erinnerte sich dann jedoch, wie schnell Smith beim Mittagessen auf ihren Tisch zugesteuert war.

»Ach ja? Aber nicht, wenn es um die Gesetze der Anziehung geht. Menschen reagieren auf ganz ähnliche Chemikalien, sie sind nur noch nicht so lange wie wir auf der Erde und haben sie noch nicht erforscht. Karen ist zum Beispiel eine menschliche Pheromon-Fabrik. Denkst du etwa, du bist der Einzige, der das riechen kann?«

»Na ja, sie hat nichts davon erwähnt, dass sie mit jemandem zusammen ist. Hey, aber warum empfinde ich nicht dasselbe für Monica, wenn Pheromone dafür verantwortlich sind?«

»Das hast du, vor ein paar Monaten, aber da sie in-

66

zwischen glaubt – ahnungslos, wie sie ist –, eure Beziehung sei stabil, produziert ihr Körper weniger von diesem besonderen Duft.«

Joseph dachte an den Abend, an dem er Monica kennengelernt hatte, und erinnerte sich, wie stark er sich zu ihr hingezogen gefühlt hatte. Sie hatte sich blendend mit ihren Arbeitskollegen aus der Pflichtverteidiger-Kanzlei amüsiert, hatte bereits einige Martinis intus gehabt und war zwar nicht betrunken, aber zumindest ein wenig beschwipst gewesen. Aus einer übermütigen Laune heraus hatte sie Joseph zum Tanzen aufgefordert, und sie hatten danach miteinander getrunken und getanzt, bis die Bar schloss, waren anschließend zusammen frühstücken gegangen und hatten sich bis spät in den Vormittag hinein unterhalten.

Gegen den Willen ihres Vaters hatte Monica unmittelbar nach dem Studium in einer Pflichtverteidiger-Kanzlei zu arbeiten begonnen, wo sie fünf Jahre lang blieb. Nach und nach hatte ihr Vater sie mürbe gemacht. Zuerst hatte sie nur schwarz für ihn gearbeitet, um ihr dürftiges Gehalt als Pflichtverteidigerin aufzubessern, später meldete sie sich tageweise krank, um bei anspruchsvolleren Fällen auszuhelfen.

Durch eine Serie von Fernseh-Werbespots, in denen Mandanten gesucht wurden, die schlechte Erfahrungen mit Nebenwirkungen von Medikamenten – von Viagra bis hin zu cholesterinsenkenden

Präparaten – gemacht hatten, waren die Geschäfte der Kanzlei plötzlich in Schwung gekommen. Den Ausschlag dafür hatte offenbar ihr »Der lange Arm des Gesetzes«-Spot gegeben, der zeigte, wie Übeltäter von einer riesigen schwarzen Hand gepackt, umgedreht und geschüttelt wurden, bis Geld aus ihren Taschen fiel.

So wurde Monica als Fachanwältin für Forderungsklagen wiedergeboren.

Jener erste Abend in der Bar war das erste und einzige Mal, dass Joseph Monica angeheitert erlebt hatte. Nach Thanksgiving fing sie an, für ihren Vater zu arbeiten, und was Gregory »einreiben mit einer geleeartigen Masse« genannt hatte, verwandelte sie nach und nach zu einer Königin des Gerichtssaals.

»Bin ich chemisch tatsächlich so oberflächlich?«, erkundigte sich Joseph bei Gregory.

»Sicher, genauso wie auch die meisten Männchen aller anderen Spezies. Die Menschen unterscheiden sich allerdings darin, dass sie Biologie mit großer Leidenschaft verwechseln, weil sie denken und sprechen können. Ihr solltet euch stattdessen eure Gabe der Vernunft zunutze machen. Beobachtet, denkt gründlich nach und lasst euch nicht von einem Reflex fehlleiten, der unweigerlich in die Falle führt.«

»Vielleicht ist Monica dann eher wie eine Spinne, die mich in ihr Netz lockt?«

»Nein, sie ist zweifellos eine Bienenkönigin, die in ihrer Ausbildung schon recht weit fortgeschritten ist. Bienenköniginnen setzen ebenfalls Pheromone ein, mit denen sie ihren Drohnen und Arbeiterinnen Anweisungen geben.«

»Aber warum hänge ich noch an ihr, wenn ich diese Pheromone nicht mehr wahrnehme?«

»Sie stößt sie immer noch hin und wieder aus, wie jede gute Königin. Wenn der Pheromon-Ausstoß ganz aufhören würde, würdest du dich anderweitig umsehen, aber solange du denkst, dass er noch gelegentlich stattfindet, du ihn aber nicht vorhersagen kannst, wirst du geduldig ausharren.«

»Dann hat mich Monica also tatsächlich reingelegt, hm?«

»Nein, du legst dich selbst rein, aber sie verfügt über einen starken Instinkt, dich dabei zu unterstützen.«

Als Joseph sich das durch den Kopf gehen ließ, musste er widerwillig anerkennen, dass Gregory seine Lage wirklich durchschaut hatte, wenngleich er es noch nicht zugeben wollte.

»Ich weiß nicht, aber an deine Ideen muss ich mich erst noch gewöhnen«, sagte er.

»Während du dich daran gewöhnst, solltest du nicht vergessen, dass Menschen auf alle möglichen Signale ihrer Mitmenschen reagieren, wie zum Beispiel auf Äußerlichkeiten, Gerüche und Gesten. Bei der Arbeit ist es ebenso leicht wie in der Liebe, dem nachzugeben, was man für eine tiefe Empfindung hält, und damit eine falsche Entscheidung zu treffen, weil man sich in einer neuen und völlig anderen Umgebung von einem Urinstinkt leiten lässt.«

»Dann ist das also der Grund, warum man nicht immer auf sein Herz hören sollte?«

»Nicht, wenn es darum geht, Entscheidungen zu treffen. Urinstinkte sind etwas für urzeitliche Spezies – Menschen bringen sie nur in Schwierigkeiten.«

5. Kapitel
Flower-Power

Es war bereits halb vier, und Harsh hatte noch immer kein Wort wegen des Wochenendes zu ihm gesagt. Joseph hatte um zwölf Uhr mittags aufgehört, Monicas Anrufe zu beantworten, die zwischen seinem Mobiltelefon und seinem Büroanschluss abwechselten und sich zu einem Dauerbeschuss steigerten. Noch beängstigender war jedoch die Aussicht auf ihre Reaktion, wenn er ohne eine Ausrede nach Hause kommen würde. Einerseits hätte es ihm eine dringend notwendige Pause von Monica verschafft, genau jetzt für zwei Tage zu verreisen, auch wenn es sich nur um ein ödes Vertreter-Meeting mit einem Haufen dösender, übergewichtiger Typen mit spärlichem oder falschem Haar handelte. Andererseits wäre sie darüber jedoch so wütend gewesen, dass er einen hohen Preis für die Tage in Abwesenheit hätte bezahlen müssen. Er seufzte tief und legte die Stirn auf den Schreibtisch.

»Setz dich auf und schnapp dir schnell das Telefon, der Boss ist im Anmarsch«, warnte eine dringliche Stimme.

Benommen und verwirrt fuhr Joseph auf, schlug sich versehentlich mit dem Hörer seitlich gegen den Kopf und begann blind zu wählen.

»Tja, wird auch Zeit«, sagte Harsh, als er den gesamten Platz zwischen den Trennwänden ausfüllte. »Die Zahl Ihrer Anrufe ist heute gesunken wie ein Stein.«

»Ja, Sir, Mr. Fisk, ich sehe gerne nach, ob wir eine ausreichend große Stückzahl auf Lager haben, um Ihre Bestellung entgegennehmen zu können, und rufe Sie dann zurück. Vielen Dank, Sir«, sagte Joseph höflich und legte den Hörer auf. »Entschuldigen Sie, Mr. Harshfeld, ich habe Sie nicht verstanden.«

»Hmmmm«, knurrte sein Vorgesetzter mit bösem Blick. »Ach, übrigens, Joey, die Rechtsanwälte unserer Firma haben uns geraten, diese Vertreterparty am Wochenende abzublasen, weil es irgendeine Verzögerung bei der Patentanmeldung gegeben hat oder so. Sie brauchen also nicht hinzufahren.«

»Vielen herzlichen Dank, dass Sie mir Bescheid geben, Mr. Harshfeld«, erwiderte Joseph mit mehr Sarkasmus, als er beabsichtigt hatte.

»Wollen Sie mir etwa frech kommen?«

»Nein, ganz und gar nicht, ich bin nur froh, dass ich morgen hier sein kann, das ist alles. Dann kann ich damit anfangen, überfälligen Papierkram zu erledigen.«

»Ach ja? Apropos ›fangen‹, ich habe Sie für das Firmen-Softballspiel beim Picknick am Samstag eingetragen. Haben Sie einen Fang-Handschuh?«

»Sicher … oder ich glaube wenigstens, dass ich noch einen habe. Ich freue mich darauf, in Ihrer Mannschaft zu spielen, Mr. Harshfeld.«

»In meiner Mannschaft?«, entgegnete Harsh und lachte so herzhaft, dass sich sein Bauch mehrmals hob und senkte. »Sie spielen nicht in meiner Mannschaft, ich will schließlich gewinnen.«

Er ging weg, dann schnippte er mit den Fingern und kam noch einmal zurück.

»Das hätte ich fast vergessen, Joey, ich muss noch ein paar Rechnungen mit Ihnen durchgehen. Ich weiß, wie wir aus diesen Typen noch mehr rausquetschen können.«

Nachdem Harsh mit seinem üblichen Verhör begonnen und Joseph seine üblichen Antworten gegeben hatte, stellte er fest, dass Gregory an einer Trennwand hinauf und auf eine daran befestigte Reißzwecke geklettert war. Während Harsh sprach, imitierte Gregory ihn. Irgendwie gelang es der Kakerlake, einen Bierbauch vorzutäuschen und Harshs breitbeinige Haltung nachzuahmen, und sie fing an, ihren Mund und ihre Antennen in einer perfekt koordinierten Parodie von Harshs Sprechweise und Gesten zu bewegen. Joseph konnte nur mit Mühe ein Lachen unterdrücken.

»Was ist denn so lustig, hm, Joey? Glauben Sie

etwa, es ist zum Wohl der Firma, die Dollars einfach so auf dem Tisch liegen zu lassen, oder was?«

»Nein, nein, ganz und gar nicht«, erwiderte er und fühlte sich zum ersten Mal nicht von Harsh eingeschüchtert.

»Ihnen ist doch hoffentlich klar, dass Verluste der Firma weniger Geld in Ihrer Tasche bedeutet, oder?«

Gregory ließ seine Antennen sinken und neigte den Kopf mit einer geradezu unheimlich wirklichkeitsgetreuen Nachahmung von Harshs finsterer Miene nach unten. Joseph musste die Hand über den Mund halten, um sein Grinsen zu verstecken. Zu seinem Glück läutete genau in diesem Moment das Telefon.

»Hallo?«

Joseph hörte Harsh hinter sich fauchen: »›Hallo?‹ Das ist nicht die Art und Weise, wie Sie sich am Telefon melden sollten, und Sie wissen ganz genau...« Der Rest wurde in Josephs Ohr von Monicas Stimme übertönt.

»Warum zum Teufel hast du keinen meiner Anrufe beantwortet?«

»Aber natürlich, Madam, wir führen das gesamte Angebot an exquisiten Wasserhähnen. Hat Ihr Geschäft in der Vergangenheit schon einmal bei uns bestellt? Oh, haben Sie? Ja, Gerald Smith ist noch bei uns. Möchten Sie ihn sprechen? Nein? Ich bedauere zu hören, dass er sich Ihnen gegenüber so verhalten hat. Ich versichere Ihnen, dass ich Sie mit äußerstem Respekt behandeln werde.«

Joseph fuhr in dieser Art und Weise fort, bis Harsh das Interesse verlor und sich davonschlich, dann wechselte er in seine normale Stimmlage.

»Hi, Monica, wie geht's?«

»Was sollte das denn?«

»Oh, ich habe nur mit ein paar von den Jungs rumgealbert, nicht der Rede wert.«

»Doch, es ist der Rede wert, wenn du es auf meine Kosten machst, Freundchen. Also, gehen wir jetzt am Samstag zusammen zu dem Firmen-Picknick oder nicht?«

»Ja, wir gehen«, erwiderte er, dann fuhr er mit gesenkter Stimme fort: »Ich habe Harshfeld endlich die Meinung gesagt. Ich habe ihm gesagt, dass er mir nicht rechtzeitig Bescheid gegeben hat und dass ich nicht bereit bin, mir noch ein Wochenende verderben zu lassen.«

»Tja, gut für dich. Wurde auch langsam Zeit. Du beweist endlich mal Rückgrat.«

»Ist das genauso gut wie ein Panzer?«, fragte Joseph und warf Gregory einen Blick zu, der immer noch auf der Reißzwecke saß.

»Ein Panzer? Bist du jetzt völlig übergeschnappt?«

»Nein, nein, entschuldige. Aber sag mal, ist es nicht toll, dass wir zusammen zu dem Picknick gehen können?«

»Ich bin auf jeden Fall erleichtert, dass die Sache geklärt ist. Wann kommst du von der Arbeit nach Hause?«

»Wahrscheinlich so um sechs.«

»Gut. Könntest du von Tang's was zum Abendessen mitnehmen, vielleicht etwas braunen Reis und gedünstetes Gemüse? Ich werde nicht vor acht nach Hause kommen.«

»Natürlich, mein Schatz, bis später.«

»Bis dann.« Das Telefon verstummte.

Joseph legte den Hörer auf und schüttelte reumütig den Kopf.

»Hat die Rose ihre Blüte verloren?«, erkundigte sich Gregory, nachdem er von der Trennwand gekrabbelt und auf den Bleistiftspitzer geklettert war.

»Vielleicht. Ich habe das dumpfe Gefühl, diese Phero-Dingsbums werden nicht so bald zurückkommen.«

»Meiner Erfahrung nach ist es gar nicht so schlecht, wenn sie mal eine Zeit lang ausbleiben. Das gibt dir eine Verschnaufpause.«

»Eine Verschnaufpause wofür?«

»Um dir darüber klar zu werden, ob deine Beziehung das Richtige für dich ist oder nicht.«

»Und was ist mit Karen? Für sie empfinde ich genauso stark, wie ich für Monica empfunden habe. Aber halse ich mir nicht nur einen Haufen neue Probleme auf, wenn sich alles nur um Chemikalien und Instinkte dreht? Das kann doch nicht wahr sein, dass ich mir Gedanken über eine Beziehung mit Karen mache, obwohl ich Zweifel habe, ob sie überhaupt an mir interessiert ist.«

Gregory kam auf Joseph zu, als wollte er ihn trösten.

»Vergiss nicht, dass dein Herz manchmal auch Recht hat.«

Josephs Kollegen waren bereits fast alle gegangen, als er seinen Arbeitsplatz verließ. Lindley und Harsh hatten sich nach seinem Telefongespräch mit Monica aus dem Staub gemacht, und das hatte genügt, um einen verfrühten Exodus in Gang zu setzen. Als Joseph auf sein Auto zuging und Karens Mustang nur drei Parkplätze entfernt stehen sah, spürte er ein Kribbeln seine Wirbelsäule hinauf- und wieder hinuntersausen. Er verlangsamte seinen Schritt und spähte verstohlen über die Schulter, um nachzusehen, ob sie zufällig gerade das Gebäude verließ. Da dem nicht so war, begann er, seinen Wagen zu umrunden, beugte sich vor, um Kratzer zu inspizieren, die gar nicht vorhanden waren, ging neben den Reifen, die er erst vor zwei Tagen kontrolliert hatte, in die Hocke und kniete sich schließlich sogar hin und verrenkte sich den Hals, um einen Blick auf das zu werfen, was er für die Auspuffanlage hielt.

Dann hörte Joseph hinter sich Schritte, linste zwischen seinen Fußknöcheln hindurch und sah, dass sich Jeans und Turnschuhe näherten. Er stand rasch auf und schlug die Handflächen gegeneinander, als wollte er den Staub und Dreck entfernen, den die Arbeiten am Auto so mit sich brachten.

»Alles in Ordnung mit deinem Wagen?«, erkundigte sich Karen.

»Oh, ja, ich wollte mich nur davon überzeugen, dass der Auspuff in Ordnung ist. Heute Morgen habe ich auf der Fahrt hierher ein leichtes Klappern gehört.«

»Soll ich mal nachsehen? Wenn nur eine Schelle locker ist oder ein Rohr durchgerostet, könnte ich es dir schnell provisorisch reparieren – mit gewebeverstärktem Klebeband.«

Karen krempelte sich die Ärmel hoch, als sie näher kam.

»Danke, Karen, aber ich glaube, es ist alles in Ordnung. Außerdem möchte ich nicht, dass du dich schmutzig machst.«

»Das stört mich nicht im Geringsten. Nachdem ich so viel Zeit mit der Karre da drüben verbringe«, sagte sie und deutete auf den makellosen Mustang, »ist das für mich Routine.«

»Schon okay, wirklich. Hey, was machst du eigentlich noch so spät hier? Ich dachte, ihr Marketing-Leute geht immer früh nach Hause.«

»Ich musste noch eine Weile rumsitzen und auf einen Anruf warten. Ich habe vor ein paar Monaten eine Reihe von Anzeigen gemacht, für die ich für einen Preis nominiert wurde, und jetzt habe ich gerade erfahren, dass ich gewonnen habe.«

»Toll! Das ist ja super. Und wer hat dir den Preis verliehen?«

Karen winkte ab. »Ach, nur irgend so ein Industrieverband, von dem du noch nie was gehört hast, aber ich muss zugeben, dass etwas Anerkennung schon ganz guttut. In der Sanitärbedarfbranche kreativ zu sein ist echt eine Herausforderung. Eigentlich dachte ich mir, das wäre ein Grund zu feiern, aber als ich Bescheid bekam, war kaum noch jemand im Büro.«

Sie hielt inne und schenkte Joseph ein strahlendes Lächeln, der daraufhin ein Rauschen in den Ohren hörte und tausend Jahre vorbeiziehen zu sehen glaubte, ehe er irgendein Wort herausbrachte.

»Das ist zwar kein Ersatz, aber wie wär's, wenn ich dich zur Feier des Tages auf einen Drink einlade?«

»Ja, sehr gern, das ist aber nett von dir.«

Karen mochte nicht nur Oldtimer, sondern auch gutes Bier. Bei den Wasserfällen gab es ein neues Lokal mit eigener kleiner Brauerei, zu dem sie mit zwei Autos fuhren. Nachdem sie sich auf Barhockern niedergelassen hatten, folgte Joseph ihrem Beispiel und bestellte sich ein Glas Flower Power Ale, von dem er noch nie etwas gehört hatte.

»Früher wurde im Westen und im Zentrum des Staates New York Hopfen angebaut, aber damit war Schluss, als die Prohibition dem legalen Brauen ein Ende setzte. Dieses Bier ist das erste seit Jahren, das aus einheimischem Hopfen gebraut ist. Schmeckt es dir?«, erkundigte sie sich.

Eigentlich fand Joseph es zu stark und zu bitter für

seinen Geschmack, dem eher ein oder zwei Flaschen leichtes Bier zu einem Footballmatch im Fernsehen entsprachen, doch er nahm trotzdem einen kräftigen Schluck und gab sich alle Mühe, dabei keine Miene zu verziehen.

»Es hat einen ganz eigenen Geschmack. Das ist eine nette Abwechslung zum Üblichen.«

Sie plauderten eine Zeit lang angeregt, doch Joseph war nicht überrascht, als sich herausstellte, dass es zu schön war, um wahr zu sein. Als er eine weiche Hand auf seiner Schulter spürte, drehte er sich um, und sein Mut verließ ihn.

Smith! Besaß der Kerl eine Art Verfolgungsradar? Woher wusste er, dass sie hier waren?

Smith warf sich mit einer ruckartigen Kopfbewegung die Haarsträhnen aus der Stirn und fixierte Joseph mit ernstem Blick.

»Hi, Karen«, sagte er, ohne den Blick oder die Hand von Joseph zu nehmen. »Kann ich kurz mit Joseph sprechen?«

»Oh, Männergespräche, hm? Klar, dann gehe ich mal mein Make-up auffrischen«, erwiderte sie, hüpfte leichtfüßig von ihrem Hocker und steuerte auf die Toiletten zu. Bevor Joseph protestieren konnte, packte Smith fester zu.

»Joseph, Sie haben wahrscheinlich schon gehört, dass sich in der Firma gerade so einiges hinter den Kulissen abspielt.«

Joseph hatte keinen blassen Schimmer, wovon

Smith sprach, und da Karen in der Nähe war, hielt sich sein Interesse in Grenzen.

»Nein, davon habe ich noch nichts gehört. Sollte ich davon wissen?«

»Denken Sie, ich würde einen guten Verkaufsabteilungsleiter abgeben?«

»Äh, sicher, ich glaube schon, aber das ist doch Harshs Job. Ist er befördert worden oder so?«

»Nein, zumindest nicht in unserer Firma. Aber womöglich wird man ihm nahelegen, sich für den nächsten Schritt in seinem beruflichen Werdegang anderweitig umzusehen«, erwiderte Smith und warf Joseph einen bedeutungsvollen Blick zu, ohne zu blinzeln.

»Ich verstehe nicht ganz, was Sie damit meinen. Ich dachte, Harsh und Sie wären Freunde, oder etwa nicht?«

Joseph war verwirrt. Nachdem Smith und Harsh so viel Zeit miteinander verbrachten, hatte er angenommen, dass die beiden sich nahestanden.

»Die Dinge sind nicht immer so, wie sie scheinen«, fuhr Smith geheimnisvoll fort, noch immer ohne zu blinzeln wie eine Echse, die ihre Beute beobachtet.

»Würden Sie nicht lieber ohne den Anrufzähler arbeiten und ohne dauernd von Harsh angebrüllt zu werden?«

»Tja, vermissen würde ich keines von beiden. Wann soll das alles passieren?«

»Es ist in Arbeit, Joseph, es ist in Arbeit. Bleiben Sie

einfach am Ball und sagen Sie zu niemandem ein Wort, nicht einmal zu Karen. Kann ich auf Sie zählen?«

Joseph schwieg und versuchte, das soeben Gehörte zu verarbeiten.

»Kann ich auf Sie zählen?«

»Klar.«

Jetzt blinzelte Smith und drückte ein letztes Mal Josephs Schulter.

»Gut, und Ihnen ist meine Unterstützung auch sicher. Ich werde nicht lange an Harshs Platz sitzen, und Sie wissen ja, dass Sie der Nächste in der Reihe sind, nicht wahr?«

»Danke, das ist gut zu wissen.«

Joseph wusste nicht, was er sonst noch sagen sollte, und kam sich ziemlich albern bei der ganzen Sache vor. Er beobachtete, wie Smith kurz stehen blieb, um mit Karen zu sprechen, die auf dem Rückweg zur Bar war, und dann davoneilte.

»Was sollte das Ganze?«, erkundigte sie sich, nachdem sie wieder auf dem Barhocker Platz genommen und einen Schluck aus ihrem Bierglas getrunken hatte.

»Ich glaube, er hat mir das Versprechen abgenommen, nichts zu erzählen.«

»Willkommen im Club.« Sie grinste. »Ich glaube, er hat jeden schon mal irgendwann einen Eid schwören lassen. Egal, worum es geht, nimm ihn bloß nicht ernst.«

»Das klingt nach einem guten Rat.«

Sie setzten ihre Unterhaltung fort, und Joseph wurde wieder bewusst, wie sehr er Karens Gesellschaft genoss. Was hatte ihm Gregory gleich wieder über diesen Duft und über Pheromone erzählt? Was auch immer es damit auf sich hatte, dachte er sich, nur her damit.

6. Kapitel
Sei immer die Schabe
mit dem längsten Atem

Nach zwei Halben Flower Power Ale kam Joseph zu dem Schluss, dass das Gebräu doch gar nicht so übel war, und kaufte einen verschließbaren Zwei-Liter-Krug davon zum Mitnehmen. Auf dem Nachhauseweg hielt er bei Tang's an, um den braunen Reis mit gedünstetem Gemüse zu besorgen, den Monica sich gewünscht hatte. Da sie darauf bestehen würde, dass sie gemeinsam aßen, bestellte er zwei Portionen von dem wenig verlockenden Gericht, orderte aber noch ein schön fettiges Shrimp-Toast, das er auf der Heimfahrt hinunterschlang.

In der Wohnung angekommen, schaltete er die Nachrichten an und schenkte sich ein Glas Bier ein. Er saß noch nicht lange auf dem Sofa, als Gregory auf dem Couchtisch vor ihm auftauchte.

»Ich frage dich lieber gar nicht erst, wie du hierhergekommen bist.«

»Und, wie ist dein Treffen mit Karen gelaufen?«

»Gut, wenn du es unbedingt wissen willst. Sie hat einen Werbepreis gewonnen, und wir sind was trinken gegangen, um das zu feiern, das ist alles.«

»Ich weiß nicht, aber für einen Unschuldigen klingst du ganz schön defensiv. Weiß Monica davon?«

»Nein«, entgegnete Joseph, »aber ich bin sicher, das wäre kein großes Problem.«

Gregory marschierte zu Josephs Glas, aus dem etwas Schaum übergelaufen war und eine kleine Pfütze auf dem Tisch gebildet hatte.

»Mmmm, das ist gut. Seit wann trinkst du anständiges Bier?«

»Hey, ich dachte, Alkohol würde Kakerlaken fernhalten.«

»Von wegen. Bier gilt bei Kakerlaken als eine der größten Delikatessen. Am liebsten mögen wir es warm und sauer, so wie englisches Bier, aber das hier ist auch okay.«

»Ich erfahre viel mehr über Kakerlaken, als ich je wissen wollte. – Übrigens hat Karen es mir empfohlen, und es schmeckt gut.«

»Oh, da bin ich sicher. Ein Wort von ihr, und du würdest Motoröl schlürfen.«

»Komm schon, Gregory, zeig ein bisschen Herz, sie ist eine tolle Frau.«

»Vergiss nicht, dass das Kakerlakenherz nichts weiter ist als eine Pumpe, die in unserem Körper Flüssigkeit hin und her bewegt. Wenn mein Herz aufhören würde zu schlagen oder mir aus dem Körper geschnitten würde, könnte ich trotzdem weiterleben. Und das unterscheidet uns von Menschen, wie ich dir mit dem zweiten Gebot erklärt habe: Wir betrachten unser Herz nüchtern und lassen uns nicht von ihm lenken. Du dagegen glaubst schon beim leisesten Beben, die ganze Erde hätte sich für dich bewegt.«

»Schon gut, schon gut, ich habe verstanden, genug von dem Herzenskram. Außerdem muss ich dich etwas Wichtiges fragen.«

»Und das wäre?«

Joseph berichtete von seiner Begegnung mit Smith an der Bar und brachte seine Überraschung darüber zum Ausdruck, dass er nichts von irgendwelchen Intrigen oder Verschwörungen wusste, die angeblich im Gang waren.

»Das liegt daran, dass Smith dich bislang als Konkurrenten betrachtet hat. Jetzt glaubt er, er könnte dich zu seinem Untertan machen, so wie Harshfeld es getan hat.«

»Aber hat Harsh irgendeine Ahnung, was vor sich geht?«

»Wahrscheinlich eine leise. Er ist nicht gerade der Hellste, aber er besitzt ein paar primitive Überlebensinstinkte. Smiths Intrigen stören Harsh aber vielleicht auch gar nicht, weil er selbst hinter Lindleys Job her ist, während Lindley Vizepräsident werden möchte.«

»Aber warum wollen sie das erzwingen, wenn es sowieso dazu kommt?«

»Weil keiner von ihnen die Zeit und die Mühe investieren will, die nötig wären, um es sich wirklich zu verdienen. Stattdessen befördern sie sich lieber selbst durch Manipulation früher in eine höhere Position.«

»Und damit kommen sie durch?«

Gregory zuckte mit den Antennen.

»Vielleicht, aber im Großen und Ganzen ist Manipulation eine schlechte Taktik, die in der Regel nach hinten losgeht. Soll ich dir was über eine von Smiths gegenwärtigen Bemühungen dieser Art erzählen?«

»Klar, ich bin ganz Ohr, oder sollte ich lieber sagen, meine Antennen sind ausgefahren?«

»Was Smith tut, ist, sich Leute herauszupicken, die unzufrieden mit ihrem Job sind. Zuerst spricht er ihnen sein Mitgefühl aus, dann schürt er das Feuer und verfasst manchmal sogar gefälschte Mitteilungen in Harshs oder Lindleys Namen, die die jeweilige Person zu Unrecht kritisieren und sie noch mehr provozieren.«

»Wozu?«

»Sobald er sie ordentlich angeheizt hat, erwähnt er ihnen gegenüber ganz zufällig das vertrauliche Beschwerdeverfahren, das in der Hauptniederlassung in Chicago läuft, und weiht sie in die Details ein. Wenn aus der Sache irgendwas wird, verpfeift er sie heimlich und sammelt bei der anderen Seite ebenfalls Punkte.«

»Das ist ja ganz schön fies«, stieß Joseph hervor.

»Dazu kommt noch, dass ich ein paar von den ge-
fälschten E-Mail-Accounts gesehen habe, die er ein-
richtet und dazu benutzt, Beschwerden über Harsh
und Lindley zu versenden. Und zwar nicht nur an
die Hauptniederlassung, sondern auch an die Adres-
sen der hohen Tiere in der Firma und sogar an den
Vorstand, den er damit ebenfalls belästigt.«

»Und was schreibt er ihnen?«

»Alles, von dem er denkt, dass es ihm nützen
könnte. Vieles davon stimmt sogar, wie zum Beispiel, dass sie im Nachtleben in der Stadt Spesengel-
der der Firma verjubeln. Harsh und Lindley erzählen
es ihm im Vertrauen, er lacht sich mit ihnen darüber
schlapp, und dann leitet er den ganzen Schmuddel-
kram samt Ausschmückungen weiter.«

»Wow, und warum hat Smith es dann noch nicht
geschafft, dass die beiden gefeuert werden?«

»Da bin ich mir nicht sicher. Er denkt noch immer, er wäre kurz davor, wie man zum Beispiel daran
erkennen kann, dass er dir gegenüber so geheimnisvoll getan hat, aber bislang hat es noch nicht funktioniert. Natürlich nimmt so etwas nur selten ein gutes Ende.«

»Auch wenn man gut darin ist?«

»Ja. Wenn man wirklich etwas erreichen möchte,
muss man sich auf das konzentrieren, wozu man
selbst in der Lage ist, und unter allen Umständen daran festhalten, ohne sich von Dingen ablenken zu

lassen, die man nicht unter Kontrolle hat. Auf diese Weise bleibt man im Rennen, wenn alle anderen mit ihren Verschwörungen auf der Strecke bleiben.«

»Hm, das ist eine ziemlich interessante Sichtweise.«

»Selbstverständlich. Schließlich beruht das dritte Kakerlaken-Gebot darauf: Sei immer die Schabe mit dem längsten Atem.«

»Meinst du damit, dass man zielstrebig und hartnäckig sein soll?«

»Ja, aber ich glaube nicht, dass du dir im Klaren darüber bist, wie viel Hingabe dazu nötig ist. Vorhin habe ich erwähnt, dass Kakerlaken auch ohne ein funktionierendes Herz weiterleben können. Tja, das ist noch lange nicht alles. Jemand zerquetscht uns? Unser Körper fängt sofort an, sich zu regenerieren. Uns wird ein Bein ausgerissen? Es wächst uns ein neues nach. Und wenn uns jemand den Kopf abtrennt? Wir leben trotzdem weiter, bis wir einen Monat später verhungern, weil wir nichts mehr essen können. Hitze, Kälte, Nahrung im Überfluss, Hungersnot, natürliche Feinde, Gift – es spielt keine Rolle. Wir Kakerlaken ziehen einfach unser Ding durch und überleben, während andere Spezies schon längst ausgestorben sind.«

»Aber warum so stur?«

»Was ist die Alternative?«

Joseph trank sein Bier aus, während er darüber nachdachte, und ging dann zum Kühlschrank, um sich nachzuschenken.

»Und wie hilft mir all das bei dem Schlamassel, in dem ich hier und bei der Arbeit stecke?«, fragte er, als er sich wieder in die weichen Kissen sinken ließ.

»Im Moment versuchen mehrere Leute, dein Leben zu dirigieren, um dich zum Erreichen ihrer eigenen Ziele zu benutzen. Du musst unbedingt länger durchhalten als sie, ganz egal, wie schlimm es wird. Wenn ihre Komplotte in Trümmern liegen, bist du frei und stehst noch immer aufrecht.«

»Mein Gott, Gregory, bei dir klingt das wie ein Katastrophenfilm.«

»Gut beobachtet, Joseph, Katastrophenfilm trifft es ziemlich genau, denn was ist dem Leben der meisten Menschen ähnlicher?«

»Schlechte Komödien?«

»Die kommen vermutlich gleich an zweiter Stelle.«

Plötzlich richteten sich Gregorys Antennen auf. »Oha, ich verdünnisiere mich besser«, sagte er und verschwand.

»Hm, was ist denn los?« Joseph lauschte angestrengt, hörte jedoch nichts, bis sich zwei Minuten später der Türknauf drehte und Monica mit großen Schritten hereinkam.

»Hey.« Joseph winkte ihr vom Sofa aus zu.

Monica ging auf ihn zu und türmte sich mit finsterer Miene vor ihm auf.

»Was ist denn?«

»Warum sitzt du mit einem Bierkrug auf dem

Schoß da und hast so ein dummes Grinsen im Gesicht? Hast du jetzt völlig den Verstand verloren?«

Sie hatte tatsächlich Recht. Bei seinem letzten Gang zum Kühlschrank hatte Joseph beschlossen, sich nicht nachzuschenken, sondern gleich den ganzen Krug mitzunehmen. Dieser war inzwischen fast leer, und mit einem Mal spürte er die Auswirkungen des Alkohols, als sei Monica ein Katalysator.

»Das hat mir ein Kunde geschenkt, und ich dachte mir, ich probiere es mal. Möchtest du was davon?«

»Ganz bestimmt nicht. Es ist gleich elf Uhr, und wir müssen morgen beide früh aufstehen. Wo ist das Essen?«

»Da drüben auf dem Stehtisch. Ich dachte allerdings, du kommst um acht nach Hause, deshalb steht es schon eine Weile rum.«

Monica polterte in der Küche herum und machte viel mehr Krach, als zum Aufwärmen eines Tellers mit pappigem Reis und matschigem Gemüse erforderlich war, wie Joseph fand. Er vergewisserte sich, dass sie nicht hersah, und kippte den Rest des Biers hinunter.

»Ich hoffe, du trinkst bei dem Picknick am Samstag verantwortungsbewusster – ich möchte mich nämlich nicht blamieren.«

»Mach dir mal keine Sorgen, ich werde die Schabe mit dem längsten Atem sein.«

Monica kam mit ihrem Teller ins Wohnzimmer und ließ sich am anderen Ende des Sofas nieder.

»Die Schabe mit dem längsten Atem? Das ergibt ja

überhaupt keinen Sinn. Du musst tatsächlich betrunken sein.«

»Ach ja? Tja, du kannst mir das Herz herausschneiden oder die Beine abtrennen, aber ich werde trotzdem weiterkrabbeln.«

»Du *bist* betrunken und redest wirres Zeug. Aber ich habe was für dich, das du lesen musst, betrunken oder nicht.«

»Weißt du, Schatz, es ist noch gar nicht so lange her, dass wir beide ausgegangen sind und Spaß hatten. Erinnerst du dich noch?«

»Das war, bevor ich echte Verantwortung übernommen und meine Karriere ins Laufen gebracht habe – woran du dir mal ein Beispiel nehmen könntest.«

»Aber wir hatten doch Spaß, oder etwa nicht?«, fragte Joseph, lehnte sich zu Monica hinüber und griff nach ihrer Hand.

Monica stellte ihren Teller ab und ging zum Bücherregal an der Wand. Sie ließ den Blick über die Buchrücken wandern, bis sie auf das Buch einer bekannten Talkshow-Psychologin stieß, die empfahl, erwachsen zu werden und das Kind in einem hinter sich zu lassen.

»Hier, das ist das Kapitel, das du dir mal ansehen solltest. Vielleicht bringt es dich wieder auf die richtige Bahn.«

Doch als sie das fragliche Kapitel aufschlagen wollte, fielen alle Seiten aus dem Buch heraus. Monica

93

stand mitten im Zimmer und starrte sie fassungslos an.

»Ich habe es erst letztes Jahr gekauft, aber es ist nichts mehr drin, was die Seiten zusammenhält«, stellte sie verwundert fest.

Joseph nickte zufrieden und stand mühsam auf.

»Der einen Schabe schlechter Rat ist der anderen Schabe Mahlzeit.«

7. Kapitel
Ein Spaziergang im Park

Der Ball flog so satt und langsam durch die Luft, dass Harsh es kaum erwarten konnte, ihm einen mächtigen Hieb zu verpassen.

Zack!

Harshs zweiter Home-Run des Nachmittags flog in hohem Bogen über die Köpfe der Außenfeldspieler und landete dann auf der Zufahrtsstraße, wo er schwungvoll aufsprang und in einem Dickicht aus Büschen und Unkraut verschwand. Harsh warf den Kopf in den Nacken und lachte triumphierend. Er lief zurück zur Bank seiner Mannschaft und schnappte sich einen vollen Becher mit Bier, den er bei einer gemächlichen Ehrenrunde austrank.

»Damit wird er die ganze nächste Woche prahlen«, sagte Joseph niedergeschlagen zu Karen.

»Dafür hat er überhaupt keinen Grund«, entgegnete sie und schüttelte angewidert den Kopf. »Unser Pitcher könnte nicht mal an einer Leiche vorbeiwerfen.«

»Da hast du vermutlich Recht, aber was sollen wir machen? Ich kann auch nicht besser werfen, und ich glaube nicht, dass einer von den anderen es besser kann.«

Karen warf einen Blick auf ihre Mannschaft.

»Wahrscheinlich nicht, aber das muss nicht heißen, dass es überhaupt keine Hoffnung mehr gibt.«

»Wie meinst du das? Hoffst du etwa auf göttliches Eingreifen?«

»Nein, das hätten die Männer in der Mannschaft nötig, aber ich war früher Pitcher in meinem Softball-Team auf dem College, also kann ich vielleicht helfen. Denkst du, Ed würde den Wurfhügel für ein paar Durchgänge abtreten?«

Joseph sah zu Ed hinüber, der stark schwitzte, völlig entmutigt war und sich danach sehnte, einfach nur bei den Bierfässern herumzulungern.

»Ich glaube, das kann sein Ego verkraften. Möchtest du einspringen?«

Karen trabte los und erlöste den erleichterten Ed. Sie machte ein paar Würfe zum Aufwärmen, die zielgenauer waren als seine, aber nicht fester. Smith war als Erster an der Reihe. Er stolzierte zum Schlagfeld und zog sich die Hosen hoch. Harsh und seine übrigen Mannschaftskollegen amüsierten sich lautstark darüber, dass eine Frau auf dem Wurfhügel stand.

»Hey, Schätzchen, das ist erst der zweite Durchgang und es steht schon vier zu null. Sollen wir Gnade vor Recht ergehen lassen?«, rief eine Stimme von der Bank. Smith drehte sich zu seinen Mannschaftskollegen um und breitete die Arme in einer Geste aus, als hielte er es für unfair, wenn jemand, der so kräftig war wie er, gegen eine Werferin antrat.

Karens erster Wurf kam in hohem Bogen, ein weicher Ball, der nur darauf wartete, mit voller Wucht geschmettert zu werden, tauchte dann jedoch plötzlich in den Handschuh des Fängers ab. Harsh geriet ins Taumeln, nachdem er ins Leere geschlagen hatte, und grinste sie an wie ein hungriger Kojote.

»Okay, Karen, einen Mädchenwurf habe ich Ihnen durchgehen lassen, aber das war das einzige Geschenk an Sie für heute. Zeigen Sie, was Sie können.«

Der nächste Wurf durchschnitt die Luft wie eine Rakete, streifte den Handschuh des Fängers, der ihn kaum kommen sah, und flog über das Fangnetz, bevor Smith überhaupt merkte, dass er an ihm vorbeigesaust war. Er stand da, starrte durch die Haarsträhnen, die ihm ins Gesicht gefallen waren, und untersuchte den leeren Raum um sich, als rechnete er damit, den Ball dort irgendwo hängen zu sehen.

Drei Durchgänge später war Karen, die nur einen einzigen Wurf vermasselt hatte, mit Schlagen an der Reihe, als Smith warf. Er holte von unten aus und zielte, so fest er konnte, genau auf ihren Kopf. Karen hob lässig ihren Schläger und ließ den Ball abtropfen, der daraufhin das Innenfeld mittig durchquerte und ihr genug Zeit ließ, die Base zu erreichen. Joseph legte einen Double nach, und ihre Mannschaft gewann gegen Harshs Team mit sechs zu vier.

Nach dem Match, als sich alle Spieler bis auf Smith, der in einer Ecke des Pavillons eine angeregte Unterhaltung mit einer neuen jungen Mitarbeiterin führte, um die Bierfässer versammelt hatten, kam Harsh auf Karen zu und streckte ihr die Hand entgegen.

»Sie haben mir zwei Strikes verpasst und mich die anderen beiden Male *out* gemacht, als ich gegen Sie antreten musste. Ich wünschte, ein paar von den Typen, die für mich arbeiten, könnten so spielen wie Sie.«

Sie nahm vorsichtig seine Hand, als sei sie womöglich ansteckend.

»Danke, Mr. Harshfeld.«

»Soll ich Smith die Leviten lesen, weil er versucht hat, Ihnen eins vor die Rübe zu knallen?«

»Danke für das Angebot, aber diesen Ball hätte ich auch im Schlaf getroffen.«

Harsh musterte sie mit einem prüfenden Blick.

»Da würde ich jede Wette eingehen.«

Dann wurde es Zeit für ihn, zum Bier zurückzukehren.

Joseph schlängelte sich zu Karen durch.

»Das hat vorhin so geklungen, als hättest du nur ein bisschen College-Softball gespielt, aber offenbar war es mehr als das.«

»Stimmt. Meister in der ersten Liga, zwei Jahre in Folge, aber warum damit angeben?«

Als zwei Stunden später alle ihre Teller am Buffet beladen und sich auf den Sitzbänken verteilt hatten, ließ sich ein etwa sechzigjähriger Mann, dem niemand Beachtung geschenkt hatte, neben Joseph nieder.

»Eine tolle Frau haben Sie da, junger Mann. Sie können sich glücklich schätzen.«

»Finden Sie?«, entgegnete Joseph und sah zu einer dreißig Meter entfernten Bank unter einem Baum hinüber, wo Monica sich mit ihren Kanzlei-Kumpanen schon die ganze Zeit prächtig amüsierte. Über seinen Vorschlag, ob sie nicht in seinem Softball-Team mitspielen wolle, hatte sie verächtlich die Nase gerümpft und auf ihre Schuhe gedeutet, die mehr gekostet hatten als sein monatlicher Mietanteil und nicht dazu gedacht waren, um damit von einer Base zur nächsten zu laufen.

»Ich habe sie gemeint«, sagte der Mann und deutete auf Karen, die gerade mitten in einer Wasserballonschlacht war und alle in Reichweite abschoss, während sie selbst trocken blieb.

»Oh, das ist Karen, sie ist klasse, aber ich lebe mit der da drüben zusammen«, erwiderte Joseph und zeigte auf Monica.

»Verstehen Sie sich mit den Anzugträgern, mit denen sie rumhängt?«

»Mit denen habe ich nicht viel zu tun. Entschuldigen Sie, Sir, aber ich erinnere mich nicht an Ihren Namen.«

Der Mann reichte Joseph eine große, raue Hand mit einem Griff wie ein Nussknacker.

»Was ist nur mit meinen Manieren? Ich bin Gary Moses, von Sterling Builders unten an der Ostküste von Florida. Wir kaufen eine Menge Sanitärbedarf bei Ihnen. Ich war zufällig in der Gegend zu Besuch bei meiner Schwester, und als Lindley mich eingeladen hat, dachte ich mir, ich schaue mal vorbei.«

»Sterling? Ihre Firma war vor ein paar Jahren noch ein winziger Kleinbetrieb und ist jetzt eine der größten Baufirmen im Süden. Anfangs hat Sterling nur kleine Bestellungen aufgegeben, für jeweils ein oder zwei Häuser, aber inzwischen ist Ihre Firma unser größter Abnehmer. Sind Sie für den Einkauf zuständig?«

»Nein, ich mache nichts derart Kompliziertes. Mir gehört die Firma.«

»Wissen Sie, ich bin zwar nicht für Ihr Kundenkonto zuständig, aber ich habe es eine Zeit lang betreut, als die zuständige Kollegin im Mutterschaftsurlaub war. Ich habe es auch danach noch im Auge behalten, weil ich nicht glauben konnte, wie schnell Ihre Firma gewachsen ist. Ich finde es toll, dass Sterling auf gute Qualität Wert legt. Es geht zwar nur um Installation, und niemand interessiert sich für Rohre und so Sachen – bis irgendwas Schlimmes passiert und man sich dafür interessieren muss –, aber Sie gehen keine Kompromisse ein. Sie würden sich wun-

100

dern, wie viele von Ihren Konkurrenten den billigsten Schrott verbauen, den sie kriegen können.«

»Nein, das würde ich nicht«, sagte Mr. Moses lachend. »Ich bekomme schließlich die Folgen zu sehen, und Sie können mir glauben, dass die alles andere als schön sind.«

»Vielleicht ist das einer der Gründe, warum Sie keine Werbung machen müssen.«

»Woher wissen Sie denn das?«, erkundigte sich Moses.

»Ich habe ein paar Artikel gelesen. An Sterling sollten sich Baufirmen ein Beispiel nehmen. Sie haben sich einen Namen damit gemacht, dass Sie so streng auf qualitativ hochwertige Materialien achten und nur Ihre eigenen Leute beschäftigen, keine Subunternehmer. Kümmern Sie und Ihre Frau sich noch immer persönlich um alle Aufträge und Kunden?«

»Unser Sohn Travis ist inzwischen alt genug, um mitzuhelfen, und er macht seine Sache großartig, aber man könnte es vermutlich noch immer als Mom-und-Dad-Unternehmen bezeichnen.«

»Sie sind in Palm Coast angesiedelt, nicht wahr, nur ein paar Kilometer südlich von St. Augustine?«

»Das stimmt, und wir sind mitten in einer der am schnellsten wachsenden Regionen im ganzen Land.«

»Ich war vor ein paar Jahren mal in Palm Coast. Ich wollte Urlaub in Daytona Beach machen, aber

101

da ich versehentlich genau während der Biker Week gebucht hatte, bin ich die Küste entlanggefahren und auf Ihren Ort gestoßen. Das ist eine tolle Gegend.«

»Finden Sie? Tja, junger Mann, vielleicht sollten Sie sich dann mal überlegen, ob Sie nicht zu uns runter ziehen möchten. Wir haben immer Bedarf an schlauen Burschen.«

»Ich weiß nicht, ich habe hier meinen Job und meine Freundin und …«

Mr. Moses fiel ihm ins Wort. »Nehmen Sie sich ein paar Tage frei und sehen Sie sich bei uns um. Und bringen Sie Ihr Mädchen mit, und damit meine ich die da drüben.« Er deutete auf Karen, die gerade einen wassergefüllten Ballon in den Pavillon geworfen und den arglosen Lindley genau zwischen die Schulterblätter getroffen hatte. »Ich habe früher selber im Norden gelebt, aber ich habe es nie bereut, dass ich in den Süden gezogen bin.«

»Oh, Mann, ich würde wahnsinnig gern mit ihr einen Ausflug nach Florida machen«, platzte Joseph heraus.

»Warum tun Sie es dann nicht? Da haben Sie meine Karte. Rufen Sie mich einfach an, wenn Sie einen Fremdenführer brauchen«, sagte Moses und gab Joseph seine Visitenkarte.

Doch bevor sie sich weiter unterhalten konnten, ertönte ein Schrei aus der Menschenmenge, die sich um das Bierfass scharte.

102

»Eine Kakerlake! Oh, mein Gott, tötet sie, tötet sie! Sie haut ab! Los, zertretet das Ding, bevor es entwischt.«

Gregory! Joseph sprang auf.

»Entschuldigen Sie mich, Sir, aber ich sollte mich darum kümmern.«

»Wo ich herkomme, gibt es Kakerlaken, die so groß wie Vögel sind. Ihr Nordstaatler«, sagte Moses mit einem Grinsen und schüttelte den Kopf.

Joseph rannte hinüber und sah Gregory in wirren, unregelmäßigen Kreisen auf dem Betonsockel laufen, auf dem der Pavillon aufgestellt worden war. Die Biertrinker hatten eine Gasse gebildet, und ein paar von ihnen versuchten, Gregory zu zertreten. Die meisten streckten dabei jedoch nur den Fuß aus, als wollten sie die Temperatur von Badewasser testen, und nicht, als wollten sie wirklich etwas töten. Jedes Mal, wenn ein Fuß zu landen drohte, wechselte Gregory abrupt die Richtung und begab sich auf zumindest vorübergehend sichereres Terrain.

Schließlich wurde allerdings deutlich, dass Gregory ermüdete, und Smith machte einen Satz nach vorn, um ihm mit beiden Füßen gleichzeitig den Garaus zu machen. Ohne nachzudenken warf sich Joseph nach vorn und stieß Smith gegen den Buffettisch, wo dieser mit dem Allerwertesten auf einem Tablett mit hartgekochten Eiern landete.

»Was zum Teufel soll das, Sie Irrer? Sie haben mir meine Klamotten ruiniert«, schrie er.

103

»Tut mir Leid, aber ich wollte die Kakerlake töten, bevor sie entkommt.«

»Die Kakerlake wollte ich doch gerade töten. Ich hatte sie schon fast im Sack«, schimpfte Smith und schimpfte dann noch mehr, als er den Hosenboden seiner beigefarbenen Hose nach vorne zog und den leuchtend gelben Fleck sah.

Harsh trat vor und wandte sich an Smith: »Jetzt stellen Sie sich doch nicht so an, Herrgott noch mal, das ist doch nur eine verdammte Hose, Sie Baby. Gehen Sie, und machen Sie sich sauber.«

Als Harsh das Grinsen bemerkte, das Joseph sich nicht verkneifen konnte, drehte er sich zu ihm um und fuhr fort: »Sie sind ja auch nicht besonders geschickt. Wie viele Idioten braucht man, um eine Kakerlake zu töten?«

Über die Picknickgäste legte sich eine vorübergehende Stille wie nach einer Schlacht. Harsh ging zurück zu seinem Teller, den er voll beladen hatte, nahm kopfschüttelnd von ganz oben einen Hotdog weg und schimpfte über die Idioten, die er zu beaufsichtigen hatte. Genau in dem Moment, als er einen großen Bissen abbeißen wollte, sah er zwei Antennen aus der Soße herausragen, gefolgt von zwei Beinen, die versuchten, Fuß zu fassen.

»Was zum Teufel …?«

Ein Schrei, der dem Brüllen eines verwundeten Rhinozerosses glich, brachte die Festivitäten zu einem abrupten Halt.

»Die Kakerlake, die Kakerlake! Sie sitzt auf meinem verdammten Hotdog. Oh, mein Gott, ich muss kotzen.«

Er ließ seinen Teller fallen und lief taumelnd zur nächsten Toilettenkabine. Smith ergriff die Gelegenheit, seinen Ruf wiederherzustellen, kam angerannt und sprang auf den Teller, wobei jeder, der sich in Reichweite befand, mit allen möglichen Speisen, von Baked Beans bis Avocadocreme, bespritzt wurde. Lindley war derart überrascht über den Batzen Schokoladenpudding, der in Brusthöhe auf seinem schicken weißen Hemd landete, dass er nur fassungslos zusehen konnte, wie dieser daran hinunterrutschte.

Obwohl es keinerlei Anzeichen dafür gab, dass die Schabe sich befreite, drückte Smith den Teller weiterhin mit einer Drehbewegung beider Füße in den Beton und sah dabei aus, als tanzte er Twist. Nachdem seine Mission vollendet war, hob er triumphierend die Arme, als habe er eine ganze Schabenbrigade besiegt.

Einige der tapfereren Seelen rückten zentimeterweise näher, um zu sehen, was von der Kakerlake übrig war, falls überhaupt noch etwas von ihr übrig war. Sie machten gleichzeitig einen Satz rückwärts, als Gregory unter einem Kartoffelchip hervorschoss und Reißaus nahm. Er rannte in einem wilden Zickzackkurs über den Beton wie ein Gefängnis-Ausbrecher, der versucht, den Schüssen der Wachposten in den Türmen zu entgehen. Am Rand der Betonfläche prallte er gegen Monicas Absatz, womit er einen hysterischen Anfall auslöste, der noch den von Harsh in den Schatten stellte, und verschwand anschließend in der Wiese.

8. Kapitel
Selbst hinter der kleinsten Öffnung kann
sich eine riesige Chance verbergen

So früh am Sonntagmorgen waren nur Jogger und
leidenschaftliche Spaziergänger mit Hunden unterwegs. Der Wetterbericht hatte einen ungewöhn-
lich warmen Frühlingstag angekündigt – allerdings
erst zu späterer Stunde. Da momentan noch Nebel
über dem feuchten Boden des tiefen, beckenförmi-
gen Picknickgeländes hing, das an eine riesige Müsli-
schüssel erinnerte, und die Sonne durch die Bäume
kaum zu sehen war, herrschte eine Kälte, die Joseph
in seinem Sweatshirt frösteln ließ.

Er kam sich vor wie ein Vollidiot. Während normale Menschen zu dieser Tageszeit noch schliefen oder
gemütlich Kaffee tranken und sich den dicken Sonn-
tagszeitungen widmeten, war er hier und suchte
nach einer sprechenden Kakerlake.

Nachdem Joseph sich vergewissert hatte, dass kein
Mensch in Hörweite war, rief er: »Gregory, Gregory,
bist du da?« Keine Antwort. Er ging das ganze Gelän-

de ab und rief dabei immer wieder. Dann durchkämmte er mit watschelnden Schritten, um sich seine Hosen nicht zu durchnässen, eine Zeit lang die Wiese, in die er Gregory verschwinden gesehen zu haben glaubte. Nichts.

»Joseph … Joseph …«, ertönte eine leise, schwache Stimme.

»Bist du's, Gregory? Wo steckst du?«

»Hier oben. Ich hänge fest.«

Joseph suchte die Decke des Picknickpavillons ab, sah jedoch keine Spur von Gregory.

»Ich bin auf dem Balken, rechts über dir.«

Um besser sehen zu können, zog Joseph einen Picknicktisch heran und kletterte auf ihn. Seine Nase war jetzt auf einer Höhe mit dem Balken, und er ließ den Blick daran auf und ab wandern. Als er Gregory in drei Metern Entfernung erspähte, kletterte er wieder hinunter und verschob den Tisch abermals. Diesmal hatte er Gregory unmittelbar vor der Nase. Der Kakerlake hingen die Antennen teilnahmslos vom Kopf, und ihre Beine waren auf beiden Seiten des Körpers abgespreizt.

»Du siehst nicht gut aus«, stellte Joseph fest.

Gregory stöhnte. »Ich fühle mich noch viel schlechter.«

In der kurzen Zeit, seit der sie sich kannten, hatte Joseph des Öfteren beobachtet, wie Gregory, der offenbar großen Wert auf sein Äußeres legte, sich säuberte. Jetzt lag er jedoch in einem widerlichen

Klecks Brotaufstrich vom gestrigen Picknick, der ihn fast vollständig bedeckte.

Als Gregory Josephs Blick bemerkte, erklärte er mit schwacher Stimme: »Ich konnte zwar flüchten, als dieser Idiot Smith mich in den Boden stampfen wollte, aber dann habe ich Essen abbekommen, und meine Sinne haben nicht mehr richtig funktioniert. Ich hab's bis in die Wiese geschafft, aber da hat mich ein junger Hund anscheinend für die Attraktion des Nachmittags gehalten und mich ständig mit der Schnauze angestupst. Ich musste umdrehen und war plötzlich wieder beim Pavillon, wo diese verdammten Mörder immer noch nach mir gesucht haben. Irgendwie ist es mir gelungen, zu einem der Eckpfosten zu gelangen und an ihm hochzuklettern. Dann bin ich hierhergekommen, weil ich dachte, ich wäre hier in Sicherheit. Das Problem ist, dass ich hier oben bewusstlos wurde. Als ich wieder aufgewacht bin, war das ganze klebrige Zeug hart geworden, und deshalb bin ich immer noch hier.« Er schloss seinen Bericht mit erschöpfter Stimme ab, die kaum lauter als ein Flüstern war.

»Lustig, genauso haben wir uns kennengelernt, weißt du noch? Du konntest dich nicht vom Fleck rühren«, sagte Joseph und kicherte leise.

»Was ist denn daran so lustig? Ich finde es nicht witzig, in einem Rest Dachdecker-Material gefangen zu sein, das ein paar Menschen mit Essen verwechseln.«

»Okay, entschuldige, ich bin jedenfalls froh, dass es dir gut geht. Soll ich dir helfen, freizukommen?«

»Nein«, erwiderte Gregory noch immer beleidigt, wobei seine Stimme wieder kräftiger wurde, »ich schaffe das schon allein.«

Joseph beobachtete, wie Gregory versuchte, sich durch Ziehen und Zerren aus dem klebrigen Haufen zu befreien, allerdings ohne Erfolg – er bekam kein einziges Bein frei.

»Hat dich jemand im Schlaf mit Sekundenkleber festgeklebt?«, erkundigte sich Joseph.

»Nein, aber dieser Marshmallow-Salat ist mörderisch. Damit könnte man ein Rhinozeros fangen.«

»Sozusagen dein ganz persönliches Kakerlaken-Hotel.«

»Noch ein Witz? Dein Sinn für Humor ist gerade nicht wirklich nötig. Vielleicht brauche ich doch ein bisschen Hilfe. Hast du irgendeine Idee?«

»Gib mir zwei Minuten. Ich bin gleich wieder da.«

Joseph ging zu seinem Auto zurück und holte eine Wasserflasche aus dem Kofferraum. Dann fuhr er zum Haupteingang und füllte die Flasche in der Herrentoilette mit warmem Wasser. Als er wieder im Pavillon ankam, übergoss er Gregory vorsichtig mit Wasser, bis das klebrige Zeug, von dem er bedeckt war, aufweichte und sich ablöste. Den Rest des Wassers benutzte Joseph, um Gregory zu waschen, wobei sich dieser drehte und wand, damit das Wasser auch überallhin gelangte.

»Das fühlt sich toll an, ahhh. Genau das, was der Onkel Doktor verordnet hat.«

Auch nachdem Gregory wieder befreit und sauber war, bewegte er sich viel langsamer und unbeholfener als sonst.

»Sieht so aus, als wärst du noch immer nicht ganz auf dem Damm«, stellte Joseph fest.

»Ich habe einen schrecklichen Picknick-Kater. Und dazu kommt, dass mir hier oben furchtbar schwindelig ist. Könntest du mir bitte runterhelfen?«

Joseph hielt das Mundstück der Wasserflasche auf eine Höhe mit dem Balken, sodass Gregory daraufkrabbeln konnte, und ließ sich und die Schabe vorsichtig auf den Picknicktisch herab. Dann setzte er sich rittlings auf die dazugehörige Bank, während Gregory es sich in einer kleinen Vertiefung in einer der Kiefernholz-Tischleisten bequem machte.

»Weißt du, was mich interessieren würde?«, sagte Joseph. »Warum bist du beim Picknick herumgelaufen und hast alle in Panik versetzt, wenn du unbehelligt im Büro hättest bleiben können?«

»Gute Frage, Joseph. Das war bestimmt nicht mein hellster Moment – ganz bestimmt nicht. Bei dir im Büro lassen wir uns nur nachts blicken, wenn niemand da ist. Wir warten sogar, bis die Putzkolonne fertig ist. Denk dran, wenn du an jenem Morgen nicht so früh zur Arbeit gekommen wärst, hättest du mich nie gesehen.«

»Aber das Picknick hier war mitten am Nachmittag.«

»Dazu wollte ich gerade kommen. Weißt du noch, als ich dir neulich abends erzählt habe, dass Kakerlaken warmes Bier mögen?«

»Ich glaube schon, aber da hatte ich selbst bereits ein bisschen zu tief ins Bierglas geschaut.«

»Wenn man bedenkt, mit wem du zusammenlebst, könnte man es fast als Medizin bezeichnen.«

Josephs Haltung versteifte sich, dann entspannte er sich wieder.

»Meinst du, ich könnte es mir verschreiben lassen?«, fragte er und lachte über seinen eigenen Scherz.

Die leicht erhöhte Lautstärke ließ Gregory zusammenzucken.

»Einigen wir uns darauf, leise zu sprechen, okay? Mein Kopf fühlt sich an, als würde er in Zeitlupe explodieren. Auf jeden Fall hatte ich mich in der Wiese versteckt und ein Nickerchen gemacht, aber dann habe ich das Bier gerochen, und was ist schon gegen ein Schlückchen in Ehren einzuwenden? Es war ein warmer Tag, die Sonne hat geschienen, und jede Menge Bier war verschüttet worden – ich bin sprichwörtlich darin geschwommen.«

»Du und die halbe Firma.«

»Ja, aber niemand hat versucht, sie zu zertrampeln. Leider habe ich zu viel getrunken, und mir ist schwindelig geworden. Ehe ich mich's versah, war

112

ich von einem Haufen verrückter Softballspieler umringt, die mir den Garaus machen wollten.«

»Was ihnen auch fast gelungen wäre.«

»Ja, das weiß ich, obwohl ich zu dem Zeitpunkt ziemlich betrunken war, und ich weiß es zu schätzen, dass du dich Smith in den Weg gestellt hast. Er hatte mich im Visier, und das hätte mein Ende bedeuten können. Meinen aufrichtigen Dank.«

»Keine Ursache. Also, wenn mir jemand erzählt hätte, dass der Tag kommen würde, an dem ich einen Arbeitskollegen in einen Tisch mit Essen remple, um eine Kakerlake zu retten, hätte ich das niemals für möglich gehalten. Aber Tatsache ist – Kakerlake hin oder her –, dass du mir wesentlich lieber bist als Smith.«

»Weißt du, was lustig ist, Joseph? Ich habe gehört, wie Leute bei dir im Büro Smith als Kakerlake bezeichnet haben – und ich fühlte mich beleidigt.«

»Das kann ich dir auch nicht übel nehmen. Hey, das mit Harsh war klasse. Er ist ganz grün geworden und hat zwanzig Minuten in der Toilettenkabine verbracht. Bitte sag mir, dass du absichtlich in seinen Hotdog gekrabbelt bist.«

»Eigentlich wollte ich mich nur verstecken. Ich sage dir, Joseph, als ich sah, wie sich sein Mund öffnete, dachte ich, meine letzte Stunde hätte geschlagen. Meine einzige Hoffnung war, dass er mich sieht, und Gott sei Dank hat es funktioniert.«

»Ich war auch schon oft Opfer dieses Munds, und

der ist aus keiner Perspektive ein schöner Anblick –
ganz egal, ob Wörter rauskommen oder ob Harsh
versucht, einen mit seinem Mittagessen dort hinein-
zuschieben.«

Joseph und Gregory verfielen für eine Weile in
Schweigen. Gregory kämpfte noch immer damit,
sich aus seinem Bier-Nebel zu befreien, während
Joseph abermals die Schrecken des vergangenen
Tages durchlebte. Am schlimmsten war Monicas
Wutanfall gewesen, vor allem, wie sie Joseph ange-
schrieen hatte, nachdem Gregory gegen ihren
Schuhabsatz geprallt war.

»Was ist los mit dir, Joseph? Du hast diese Kakerlake entwischen lassen! Denkst du etwa, das wäre
eine bedrohte Spezies? Sieh dir das an«, fauchte sie
und deutete auf ihre Schuhe, als seien sie sichtbar
verunreinigt worden, »meine neuen Schuhe sind
ruiniert! Ruiniert! Du weißt doch, was die mich gekostet haben, oder? Mehr, als du in zwei Wochen
verdienst!«

»Monica, da ist überhaupt nichts dran zu erkennen. Wie können sie ruiniert sein?«

Ein großer, vornehm wirkender Mann in Tennis-
shorts und Polohemd kam herbei, stellte sich neben
Monica und tätschelte ihr sanft die Schulter.

»Aber, aber, mein Schatz, reg dich doch nicht so
auf. Wir lassen die Schuhe reinigen, dann sind sie
wieder wie neu, da bin ich sicher«, sagte er und fixier-

te Joseph mit einem vernichtenden Blick, der in krassem Kontrast zu seinem tröstenden Tonfall stand.

»Dein Toiletten-Vertreter ist ja hier, Monica, und ich bin sicher, er möchte dir die Schuhe gern ersetzen. Allerdings ekelt man sich wahrscheinlich nicht so leicht, wenn man einen Job hat wie er.«

»Hallo, Mr. Primson«, grüßte Joseph Monicas Vater mit einiger Überwindung. »Hat Ihnen das Picknick gefallen?«

»Ja, hat es, bis zu diesem Irrsinn wegen einer Kakerlake. Haben Sie wirklich versucht, sie zu beschützen?«

»Nein, Sir, natürlich nicht. Ich wollte sie auch töten. Smith und ich sind einfach ineinandergelaufen.«

»Ineinandergelaufen, sagen Sie? Ich hoffe, Sie beide gründen keine Kammerjägerfirma – die ganze Stadt würde überrannt werden.«

Da Joseph dem nichts hinzuzufügen hatte, schlurfte er zu den Bierfässern hinüber und füllte sich einen Becher. Das Bier schmeckte nicht annähernd so gut wie das Flower Power Ale, dachte er sich. Er blickte sich in der Hoffung um, Karen zu entdecken, aber sie war nirgendwo zu sehen. Smith stand in einer Ecke und hielt der neuen Mitarbeiterin den Hosenboden seiner ruinierten Hosen hin: Sie rieb mit einem feuchten Geschirrtuch und einem unglücklichen Gesichtsausdruck an dem Fleck.

Harshfeld kam kleinlaut herbei und gesellte sich

bei den Bierfässern zu Joseph. Er schenkte sich einen Becher ein und hob ihn an die Lippen. Anstatt zu trinken, rümpfte er jedoch die Nase und schüttete das Bier in die Wiese.

»Ich hätte nie gedacht, dass der Tag kommen würde, an dem ich das mache«, sagte er nachdenklich. Mit derselben leisen Stimme wandte er sich an Joseph. »Joey, wenn Sie Smith diese Kakerlake hätten töten lassen, wie er es vorhatte, wäre das Ding nie in mein Essen gelangt, und mein Essen wäre nie im Klo gelandet. Verstehen Sie, worauf ich rauswill?«

Harsh sah feucht aus, und sein Guns-N'-Roses-T-Shirt, das er in schlankeren Zeiten gekauft hatte und das sich inzwischen über seinem Bauch spannte, war schweißdurchtränkt.

»Was passiert ist, tut mir wirklich Leid. Es muss schrecklich gewesen sein.«

»Tja, was Ihnen wirklich Leid tun wird, ist die Arbeit in der kommenden Woche, weil die nämlich schrecklich werden wird.«

Joseph spürte seinen Mut bei dieser Nachricht sinken. War die Arbeit nicht ohnehin schon schlimm genug?

»Sie finden Kaltakquisen unangenehm? In Zukunft werden Sie noch viel mehr davon machen. Ich lasse Smith und ein paar von den anderen Ihre Kundenkonten übernehmen, und Sie können sich darauf konzentrieren, uns neue Aufträge zu beschaffen.«

»Aber Mr. Harshfeld, ohne meine Stammkunden gehe ich vor die Hunde«, protestierte Joseph.

»Ach ja? Dann müssen Sie sich eben gleich am Montag aufs Telefon stürzen und uns ein paar dicke neue Aufträge an Land ziehen.«

»Das ist nicht richtig, und das wissen Sie genau.«

»Wollen Sie mir jetzt frech kommen?«

Die Verärgerung schien Harsh wiederzubeleben; seine Stimme wurde kräftiger, und seine Großspurigkeit kehrte zurück.

»Nein, ich möchte Ihnen nicht frech kommen, aber ich werde nicht einfach dasitzen und das hinnehmen.«

»Gut. Dann bekommen Sie ein längeres Telefonkabel, damit Sie rumlaufen können, während Sie sprechen«, erwiderte Harsh und kam Joseph dabei Stück für Stück näher, bis sie sich beinahe mit der Brust berührten. »Noch was?«

»Was Sie tun, ist falsch. So verhält man sich nicht als Vorgesetzter.«

»So, so, jetzt kritisiert er mich also, der Schabenschützer. Entweder Sie tun, was ich Ihnen sage, oder Sie suchen sich einen anderen Job. Kapiert?«

Joseph schwieg, hielt Harshs Blick jedoch stand.

Nachdem Joseph Gregory all das erzählt hatte, sagte dieser: »Das ist ein ziemlicher Fortschritt, in der Lage zu sein, Harsh so entgegenzutreten.«

»Toller Fortschritt. Noch ein paar solche Fortschrit-

te, und ich beschreite den Weg in die Arbeitslosig-
keit.«

»Und wie lief es nach dem Picknick zu Hause?«

»Großartig, einfach großartig. Als Monica endlich
fertig war mit Schreien, hat sie überhaupt nichts
mehr zu mir gesagt, außer, dass ich auf dem Sofa
schlafen soll.«

»Sieht so aus, als hättest du diese Tortur überstan-
den.«

»Eigentlich habe ich ohne ihr Zähneknirschen sogar viel besser geschlafen als sonst – bis Smith anrief.«

»Was wollte er?«

Joseph erzählte Gregory vom Anruf eines sturzbe-
trunkenen, zusammenhangloses Zeug plappernden
Smiths, der Joseph vorwarf, er würde aus Eifersucht
und um ihn, den zukünftigen Star der Firma, aus dem
Weg zu räumen, dunkle Verschwörungen gegen ihn
anstacheln.

»Legen Sie sich nicht mit mir an«, hatte er lallend
gedroht. »Ich mache Ihnen das Leben zu einem Albtraum, Freundchen, zu einem Albtraum.«

»Warum schlafen Sie nicht einfach Ihren Rausch
aus? Ich hab's nicht auf Sie abgesehen«, hatte Joseph
erwidert.

»Wieso haben Sie mich dann in die hartgekochten
Eier geschubst, hm? Sie haben mich vor allen Leuten
blamiert. Und glauben Sie nicht, ich wüsste nicht,
dass Sie wussten, dass Karen ein heimlicher Joker
war.«

»Was?«

»Sie ist so eine Art Softball-Star, Herrgott noch mal, und Sie haben sie benutzt, um mich lächerlich zu machen.«

»Gute Nacht, Gerald.«

»Seien Sie lieber auf der Hut.«

»Gregory, gestern habe ich innerhalb weniger Minuten meine Freundin, ihren Vater, meinen Boss, diesen Spinner Smith und wer weiß wen noch vergrault. Ich bin geliefert«, sagte Joseph, ließ die Schultern sinken und schüttelte reumütig den Kopf.

»Aber es war doch nicht alles schlecht, Joseph. Was ist mit dem Bauunternehmer, von dem du mir erzählt hast – Gary Moses? Er ist eine große Nummer.«

»Das ist er, da hast du Recht, und er ist echt ein netter Kerl, aber das war auch schon alles, was er war, nett. Was habe ich ihm denn zu bieten?«

»Jede Menge«, erwiderte Gregory. »Auch wenn dir der Tag wie eine Katastrophe vorgekommen ist, war das Gute daran nicht zu übersehen, oder nicht?«

»Vielleicht, ich weiß nicht.«

»Ich weiß auf jeden Fall, dass uns das zum vierten Gebot der Kakerlaken bringt: Selbst hinter der kleinsten Öffnung kann sich eine riesige Chance verbergen.«

»Meinst du?«

»Ich weiß es. Wir Kakerlaken haben uns darauf

spezialisiert, das meiste aus jeder Öffnung herauszuholen, wie klein sie auch sein mag. Wusstest du, dass Kakerlaken, die viel größer sind als ich, sich durch Öffnungen zwängen können, die schmaler als eine Geldmünze sind?«

»Darüber habe ich mir noch nie Gedanken gemacht, aber ich nehme an, deshalb sagt man euch nach, dass ihr überall reinkommt.«

»So ist es. Öffnungen, die andere Spezies einfach links liegen lassen und für zu eng halten, um sich hindurchzuzwängen, sind unsere Lebensgrundlage. Wir dringen zu Orten vor, die sonst niemand aufsucht, und weißt du, was das heißt?«

»Was denn?«

»Wir finden dort Belohnungen die noch unberührt sind. Nimm zum Beispiel diesen Gentleman, Mr. Moses. Natürlich ist er keine riesige Tür, die für dich offen steht, damit du in aller Ruhe durchmarschieren kannst. Auf solche Öffnungen steuern die meisten Menschen zu. Nein, er ist eine Öffnung, die vielleicht nur für dich da ist – zumindest im Moment nur für dich. Öffnungen stellen nur dann Gelegenheiten dar, wenn man sie wahrnimmt, ohne zu viel Zeit zu verlieren, ansonsten schließt sich die Öffnung, und nicht einmal die hartnäckigste Kakerlake findet den Weg auf die andere Seite.«

»Das ergibt Sinn. Da wir gerade von ›den Weg finden‹ sprechen – soll ich dich mitnehmen?«, fragte Joseph.

»Das ist aber eine Überraschung, Joseph. Ich dachte, du ekelst dich vor mir?«

»Das war am Anfang auch so, keine Frage, aber wenn man bedenkt, mit was für Menschen ich es zu tun habe, schneidest du im Vergleich gar nicht so schlecht ab. Außerdem, wie solltest du sonst von hier nach Hause kommen?«

Gregory kletterte aus der Vertiefung im Tisch und sah sich um.

»Vermutlich gar nicht, um ehrlich zu sein.«

»Dann komm an Bord«, sagte Joseph, drehte die Wasserflasche um und hielt Gregory den Flaschenboden hin, damit er mehr Platz hatte. »Ich setze dich im Büro ab, dann kannst du deinen Kater auskurieren. Möchtest du unterwegs auf ein Bier anhalten? Hier im Park liegen bestimmt ein paar leere Flaschen herum, in denen noch ein Rest drin ist.«

Gregory stöhnte. »Momentan würde ich sogar lieber den Gurkensalat deiner Mutter essen.«

9. Kapitel
Am Boden zerstört

Joseph starrte niedergeschlagen auf den schwarzen Kasten, auf dessen leuchtend rotem Display eine große, dicke Null zu lesen war. Harsh hatte ihn nicht nur wie angekündigt ausschließlich mit Kaltakquisen beauftragt, sondern war früh im Büro erschienen und hatte an Josephs Telefon einen separaten Zähler sowie ein längeres Kabel installiert.

»Vielleicht kann ich mich ja mit dem Ding erhängen«, sagte Joseph nachdenklich.

In der vorangegangenen Nacht war er wieder auf die Couch verbannt worden. Nachdem Monica an diesem Morgen vor Joseph aufgestanden war und für genug Lärm gesorgt hatte, um ihn aufzuwecken und wach zu halten, hatte sie angekündigt, dass sie wieder im Fitnessstudio trainieren würde, anstatt zu Hause, und von dort direkt zur Arbeit gehen wollte. Joseph überraschte das ein wenig, er war jedoch erleichtert, als sie weg war.

Bei seiner Ankunft im Büro ignorierten ihn die wenigen bereits anwesenden Kollegen entweder völlig oder wandten den Blick ab, und sämtliche Nachzügler taten es ihnen gleich. Offenbar stand er auf der schwarzen Liste, und niemand wollte sich Harshs Zorn zuziehen, indem er sich der Verbrüderung schuldig machte.

Einige sinnlose Seufzer später griff Joseph zum Telefonhörer und begann, die Liste mit Namen und Nummern vor ihm abzuarbeiten, die ebenfalls von Harsh stammte. Es folgte ein langer Vormittag, an dem sich erwartungsgemäß abruptes Auflegen mit boshaften Bemerkungen sowie gelangweiltem Zuhören abwechselten. Er vereinbarte keinen einzigen Termin und entfachte nur bei einer Hand voll Leuten, die er auf eine Liste setzte, um sie wieder anzurufen, einen schwachen Funken von Interesse.

Harsh blieb auf dem Weg zum Mittagessen an Josephs Schreibtisch stehen, warf einen Blick auf die Liste und stieß ein schadenfrohes Lachen aus.

»Ist das etwa alles? Das habe ich früher in zwanzig Minuten geschafft, ohne mich besonders anzustrengen. Was ist denn los mit Ihnen, Joey?«

»Keine Ahnung, Boss, das muss die Montagmorgenkrankheit sein.«

»Aha, Sie kommen mir also schon wieder frech. Tja, das wird ein grüner und blauer Montag für Sie werden, wenn Sie sich nicht langsam zusammenreißen und ich Ihnen einen kräftigen Tritt in den Hintern verpassen muss.«

»Ja, Mr. Harshfeld.«

Harsh musterte Joseph mit einem langen prüfenden Blick. Er hatte schon unverschämtere Antworten bekommen, aber für Joseph, den er für einen Waschlappen hielt, der sich von jedem herumkommandieren ließ, war dieses Benehmen völlig untypisch.

Hinter Harshs Schulter erschien die obere Hälfte von Smiths Kopf.

»Joseph, ich bräuchte ein paar Informationen von Ihnen, damit ich mich um Ihre Konten kümmern kann. Ist es okay, wenn ich Ihre Kundendateien öffne? Mr. Harshfeld hat mir Ihr Passwort gegeben.«

Smiths Gesicht verschwand, dann tauchte es seitlich von Harsh wieder auf, wo der Boss ihn nicht sehen konnte. Smith gestikulierte in Josephs Richtung und formte das Wort »okay« mit den Lippen.

»Nur zu, und geben Sie mir Bescheid, wenn das Passwort verkehrt geschrieben ist«, erwiderte Joseph.

Harsh fixierte Joseph mit starrem Blick.

»Vielleicht muss ich mal mit Ihrer Anwältin reden, damit sie Ihnen die Leviten liest. Wenn sie anruft, nehmen Sie ja immer Haltung an wie ein dressierter Affe.«

»Was?«

»Denken Sie etwa, ich höre nicht hin und wieder mal zu?« Harsh grinste jetzt, wodurch er aussah wie eine schadenfrohe Kürbislaterne. »Sie hat Sie vermutlich im Schlaf kastriert.«

Joseph war noch immer sprachlos, als Harsh mit Smith im Schlepptau, der eine seiner fleischigen Schultern tätschelte, lachend den riesigen Raum verließ. Wenigstens hatte es heute zum ersten Mal seit Monaten keine Anrufe von Monica gegeben, bei denen die beiden hätten mithören können.

Joseph gab noch eine Zeit lang am Telefon sein Bestes, doch das Glück war weiterhin nicht auf seiner Seite, und er hatte bald die Nase voll. Wenn es ohnehin so schlecht bei ihm lief, was machte es dann schon, wenn Harsh ihn feuerte? Plötzlich kam Joseph eine Idee. Noch vor einer Woche hätte er zu viel Angst gehabt, um auch nur einen Gedanken daran zu verschwenden, aber jetzt stellte er fest, dass ihn seine Füße in die Marketingabteilung trugen. Karens Büro war gleich das erste.

»Entschuldige die Störung, Karen, aber hast du einen Moment Zeit?«

Karen sah von ihrem Computerbildschirm auf. Zuerst wirkte sie genervt, was Joseph beinahe dazu veranlasst hätte, kehrt zu machen und das Weite zu suchen, doch als sie sah, wer vor ihr stand, machte sich ein Lächeln auf ihrem Gesicht breit. Joseph schaute sich in ihrem Büro um und stellte fest, dass er noch nie hier gewesen war. An den Wänden hingen zahlreiche Fotos von klassischen Fahrzeugen, in erster Linie Mustangs und Corvettes, und Poster von alten Horrorfilmen. Karens Fensterbrett und Regalbretter waren mit einem Sortiment von *South-Park-*

126

Figuren zum Aufziehen geschmückt, die zwischen Büchern hervorlugten, in Pflanzen versteckt waren oder Ehrenplätze vorne auf ihrem Schreibtisch einnahmen.

»Hättest du Lust – ich meine, falls du Hunger hast –, Mittagessen zu gehen?«, stammelte Joseph, wobei ihm so schnell der Atem ausging, dass die letzten Wörter kaum noch die Kraft hatten, über seine Lippen zu kommen.

»Ich dachte schon, du würdest mich nie fragen. Wo sollen wir hingehen?«

Da Joseph nicht auf einen Erfolg vorbereitet war, verschlug es ihm zunächst völlig die Sprache, so dass er stotterte: »Diese kleine Brauerei war letztes Mal nicht schlecht, wie wär's damit?«

»Ist mir recht. Es ist zwar noch zu früh, um Bier zu trinken, aber schon allein der Geruch der Vorratsbehälter ist die Sache wert. Gibst du mir noch ein paar Minuten, damit ich das hier fertig machen kann? Dann treffen wir uns unten im Foyer.«

»Unten«, wiederholte er, jetzt mit einem Lächeln, und stolperte dann zurück zu seinem Schreibtisch.

Nachdem sie sich einen Tisch ausgesucht und ihr Essen bestellt hatten, lehnte Karen sich vor und drückte Josephs Unterarm, was beinahe dafür gesorgt hätte, dass er vom Stuhl gefallen wäre.

»Ich muss schon sagen, dass Smith mit dem Hintern voraus in das Tablett mit hartgekochten Eiern gefallen ist, war das Lustigste, was ich je gesehen habe. Sag mal, hast du wirklich versucht, diese Kakerlake zu erwischen, oder war das nur ein Vorwand, um Smith eins auszuwischen?«

Josephs gerötete Haut fühlte sich heiß genug an, um Feuer zu fangen.

»Na ja, ich wollte ihm nicht wehtun oder so, aber …«

Er zuckte mit den Schultern und hielt die Handflächen nach oben, was in erster Linie daran lag, dass er nicht wusste, wie er seinen Impuls rechtfertigen sollte, eine sprechende Kakerlake zu retten. Karen verstand das als Schuldeingeständnis.

»Dachte ich's mir doch«, sagte sie und schlug so hart auf den Tisch, dass das Besteck klapperte und einige andere Gäste neugierig hersahen. »Gut gemacht. Das sollte ihm mindestens einmal am Tag passieren.«

»Moment mal, jetzt verstehe ich gar nichts mehr. Ich dachte, du magst ihn?«

»Ich habe geglaubt, er wäre ganz in Ordnung, aber nach diesem Waschlappen-Wurf, mit dem er mich an der Birne treffen wollte, und ein paar anderen Sachen habe ich meinen Mitgliedsausweis vom Gerald-Smith-Fanclub zurückgegeben.«

»Ein paar anderen Sachen?«

Karen erzählte Joseph, wie Smith am Sonntag bei ihr angerufen, sich zunächst entschuldigt und um Mitgefühl für seine Tragödie geheischt und sie dann

128

in seine raffinierte Verschwörung eingeweiht hatte.

Joseph berichtete daraufhin von dem Anruf, den er von Smith bekommen hatte, sowie von all seinen anderen Problemen im Zusammenhang mit dem Picknick, die darin gipfelten, wie er heute bei der Arbeit behandelt worden war. Karen ließ sich diese Neuigkeiten durch den Kopf gehen, während sie ihre Chicken-Fingers aufaß.

»Vielleicht hätte ich eine Idee.«

»Ich nehme momentan jede Hilfe an, die ich bekommen kann. Schieß los«, antwortete Joseph.

»Erinnerst du dich noch, dass du gesagt hast, du hättest mit deinen Anrufen überhaupt keinen Erfolg?«

»Oh, Mann«, erwiderte Joseph stöhnend, »niemand will mit mir sprechen. Es ist, als würde ich über das Telefon die Pest verbreiten.«

»Tja, wie wär's, wenn du mal deine Methode änderst, um das Interesse der Leute zu wecken?«

»Und wie soll ich das machen?«

»In der Werbebranche besteht die Herausforderung darin, herauszufinden, wie man mit den Leuten auf eine Art und Weise kommunizieren kann, die sich von all dem abhebt, womit sie sonst bombardiert werden, also eine Kommunikation, die nicht herausgefiltert wird. Das Beste ist, sie von Anfang an einzubinden, damit sie mehr hören wollen.«

»Und wie soll ich das bitte machen, wenn es um Sanitärbedarf geht? Das ist nicht gerade jedermanns Lieblingsthema.«

Karen nahm ihre Gabel in die Hand und stieß mit ihr in die Luft, während sie sprach.

»Normalerweise nicht, und deshalb beginnst du einfach auf gut Glück mit irgendwas Interessantem.«

»Wie zum Beispiel?«

»Keine Ahnung, mit irgendeinem interessanten Leckerbissen, mit etwas Verkaufsförderndem. Du kennst doch dein Publikum. Versuch es mit etwas, von dem du glaubst, dass es ihnen gefallen könnte.«

Zurück an seinem Arbeitsplatz und noch immer völlig aus dem Häuschen nach dem Mittagessen mit Karen, beschloss Joseph, es zu versuchen. Was konnte es schon schaden, wenn er ein wenig Kreativität einsetzte? Seine Ergebnisse konnten sich gar nicht mehr verschlechtern. Er schrieb ein paar Ideen in Stichpunkten auf ein Blatt Papier und recherchierte anschließend im Internet, um Informationen zu sammeln. Nachdem er mehrere Gesprächsskripte entworfen hatte, entschied er sich für eine einfache Variante und versuchte sein Glück.

Seine ersten beiden Gesprächspartner legten auf, bevor er irgendetwas ausrichten konnte; nachdem er sich beim dritten vorgestellt hatte, nahm er jedoch die Sekunde vor dem Einhängen wahr und sagte: »Sir, wir machen heute eine Werbeaktion, und falls Sie diese Frage beantworten können, haben Sie gewonnen.«

Er hörte ein tiefes Seufzen am anderen Ende der

130

Leitung, doch der Mann erwiderte: »Okay, ich beiße an. Machen Sie schon und stellen Sie Ihre Frage.«

»Hier kommt sie: In welchem Jahr wurde Toilettenpapier auf Rollen erfunden?«

»Was? Ich dachte, jetzt würde eine Frage zu Sanitärbedarf kommen, zu Rohren und so.«

»Toilettenpapierrollen sind doch streng genommen auch Sanitärbedarf, Sir.«

»Okay, da haben Sie wahrscheinlich Recht. Also, das Jahr, in dem Toilettenpapier auf Rollen erfunden wurde? Ich habe keine Ahnung, aber ich werde einfach mal raten … 1620?«

»Falsch. Toilettenpapier auf Rollen wurde erst 1890 erfunden.«

»Tatsächlich? Das überrascht mich jetzt aber. So spät? Was haben die Leute denn davor benutzt?«

»Bevor das Versandhaus Sears begann, Hochglanzfotos zu verwenden, waren seine Kataloge äußerst beliebt, und – unglaublich, aber wahr – die Wikinger benutzten vor Jahrhunderten ausgefranste Enden von Ankerseilen.«

»Aua! Das tut ja schon weh, wenn man es nur hört. Kein Wunder, dass sie den Ruf hatten, brutal zu sein. Nur aus Neugierde, was hätte ich denn gewonnen, wenn ich die Frage richtig beantwortet hätte?«

»Eine Unterhaltung mit mir.«

Der Mann stieß ein herzhaftes Lachen aus. »Aber ich unterhalte mich doch bereits mit Ihnen.«

»Sehen Sie? Ich wusste schon in dem Moment, als Sie abgehoben haben, dass Sie ein Siegertyp sind.«

Die Methode funktionierte nicht bei allen, verbesserte Josephs Statistik jedoch erheblich. Seine Stimmung verbesserte sie ebenfalls, da ihm sein Job zum ersten Mal überhaupt Spaß machte.

Als Joseph gegen Ende des Tages den Hörer für einen letzten Anruf in die Hand nahm, sah er, dass Mr. Lindley auf ihn zukam. Er legte den Hörer wieder auf und wartete.

»Joseph«, begann Lindley und klang strenger, als Joseph ihn jemals erlebt hatte, »ich wollte eigentlich nichts sagen, da es Mr. Harshfelds Aufgabe ist, die Vertreter zu disziplinieren, aber nach Ihrem abscheulichen Auftritt beim Picknick am Samstag finde ich es beunruhigend, Sie herumblödeln zu sehen, wenn Sie eigentlich arbeiten sollten.«

»Aber ich arbeite doch, Mr. Lindley.«

»Das kann nicht sein, junger Mann. Ich habe gerade beobachtet, wie Sie gelacht und vor sich hin gegrinst haben. Worüber amüsieren Sie sich denn auf Firmenkosten?«

»Über nichts, ich spreche nur mit Kunden, Mr. Lindley, mit neuen Kunden.«

»Das glaube ich Ihnen nicht. Außerdem hat Mr. Harshfeld mit mir Ihre Arbeitseinstellung besprochen, und ehrlich gesagt bin ich der Meinung ...«

»Sehen Sie, alle diese Leute werde ich noch mal

anrufen«, unterbrach Joseph Lindley und reichte ihm die Liste mit Namen.

Lindley überflog sie und las sie anschließend noch einmal durch, diesmal sorgfältiger. Seine Augenbrauen wanderten immer weiter nach oben, während er die Informationen prüfte.

»Falls das hier stimmt, hatten Sie heute einen ziemlich produktiven Tag.«

»Den besten, den ich je hatte, Sir.«

»Wenn das so ist, will ich Ihrem Erfolg nicht im Weg stehen«, sagte Lindley in wesentlich freundlicherem Tonfall und deutete auf das Telefon. »Lachen Sie weiter.«

10. Kapitel
Ergötze dich, wo andere nur Müll sehen

Als Joseph am nächsten Tag zur Arbeit kam, ließ er sich vor dem Computer auf seinen Stuhl fallen und drückte eine Taste, um den Monitor zum Leben zu erwecken. Er wollte wie immer ins Internet gehen und die Neuigkeiten des Tages prüfen. An diesem Morgen geschah jedoch etwas anderes. Als er die Taste drückte, erschien eine Nachricht auf dem Bildschirm:

FÜNFTES GEBOT DER KAKERLAKEN:
Ergötze dich, wo andere nur Müll sehen

»Was zum …?«

»Guten Morgen, Joseph«, sagte Gregory, der plötzlich vor Josephs Tastatur erschien. Joseph war Gregorys unvermitteltes Auftauchen noch immer nicht gewöhnt und zuckte mit den Händen zurück, als fürchtete er, er könnte sich an den Tasten die Finger verbrennen.

»Entschuldige. Wir Kakerlaken nehmen andere Lebewesen lange, bevor sie kommen, wahr, und manchmal vergesse ich, dass diese Fähigkeit bei euch Menschen noch in den Kinderschuhen steckt.«

»Bei *mir* ist das ganz sicher so. Du kannst davon ausgehen, dass ich noch beim Töpfchen-Training bin, wenn es um Spürsinn in dieser Hinsicht geht, und eines Tages werde ich mir wegen dir noch wehtun.«

»Oh, ich bitte dich, erspar mir die Theatralik. Außerdem sehe ich, dass dir der Text auf dem Bildschirm aufgefallen ist.«

»Selbstverständlich. Bin ich echt schon beim fünften Gebot? Heißt das, ich bin ein Wunderkind?«

»Im Vergleich zu den meisten Menschen ja, aber nach Kakerlaken-Maßstäben solltest du lieber bei der Töpfchen-Analogie bleiben, weil du noch nicht bereit bist, ohne Windeln rumzulaufen.«

»Wie witzig«, sagte Joseph und warf noch einmal einen Blick auf den Monitor. »Wie hast du das denn auf den Bildschirm bekommen?«

»Ich habe dir doch schon gesagt, dass einer meiner großen Freunde aus dem Keller …«

»Auf die Tasten springt«, sprach Joseph den Satz für ihn zu Ende. »Ich dachte, du bindest mir einen Bären auf, als du mir das erzählt hast.«

»Ganz und gar nicht. Wie sollte ich denn sonst tippen?«

»Sieh mal, Gregory, wenn ich tatsächlich darüber

nachdenke, habe ich immer noch Probleme damit, dass du sprechen kannst.«

»Falls es dich beruhigt: Ich sorge dafür, dass die Kakerlake, die auf die Tasten springt, sich vorher wäscht. Wir sind äußerst reinliche Wesen, musst du wissen.«

»Okay, okay, ich möchte im Moment einfach nicht darüber nachdenken. Außerdem bin ich von deinem neuesten Gebot fasziniert.«

»Das solltest du auch sein«, erwiderte Gregory. Ehe er fortfuhr, machte er es sich in einer Windung des Telefonkabels bequem, dann sagte er: »Es hat mich gefreut zu sehen, dass du schon ein hervorragendes Beispiel für dieses Gebot gegeben hast, bevor ich es dir beigebracht habe. Du machst tatsächlich Fortschritte.«

»Ehrlich gesagt war es Karens Idee, dass ich eine neue Strategie am Telefon ausprobieren sollte, und sie hatte Recht, es hat funktioniert. Darauf wäre ich selbst nie gekommen.«

»Sie ist ein verdammt schlaues Mädchen. Ich muss zugeben, dass es anscheinend einige Menschen gibt, die wesentlich höher entwickelt sind als die Mehrheit von euch.«

»Okay, apropos schlau: Ich weiß, was das Gebot bedeutet.«

Gregory kletterte aus der Kabelwindung und stellte sich darauf.

»Dann sag es mir.«

»Harsh hat mir zur Strafe einen Müll-Job gegeben. Er wusste genau, dass ich kläglich versagen und überhaupt nichts mehr verdienen würde, aber er wollte seinen Frust über diese Picknick-Geschichte an irgendjemandem auslassen, und ich war ein leichtes Opfer. Karen hat mir jedoch gezeigt, wie man einen miesen Job in eine gute Gelegenheit verwandelt. Seit Montag habe ich einen ganzen Schwung neuer Kunden an Land gezogen und jede Menge Termine vereinbart. Mein Gehalt wird sich sogar verbessern, und ich wette, dass das Harsh gar nicht gefallen wird.«

»Nein, das wird ihm ganz bestimmt nicht gefallen.«

»Und weißt du, was das Beste ist? Am Dienstag habe ich Mr. Moses in Florida angerufen, nur um ihm zu sagen, wie sehr es mich gefreut hat, ihn kennenzulernen. Wir sind auf ein paar Probleme zu sprechen gekommen, die er jetzt, nachdem Sterling so viel größer geworden ist, bei der Koordination der Bestellungen von Baumaterialien hat, damit er alles rechtzeitig bekommt, aber kein Vermögen für die Lagerung ausgeben muss. Ich habe ihm nur ein paar Tipps gegeben, von denen ich dachte, dass sie ihm vielleicht nützen könnten, weiter nichts. Die Niederlassung Süd ist für sein Gebiet zuständig, deshalb habe ich nicht versucht, ihn als Kunden abzuwerben, aber jetzt rate mal, was passiert ist.«

»Ich weiß nicht, sag es mir«, entgegnete Gregory und richtete seine Antennen auf.

138

»Du weißt nicht? Tja, Mr. Moses hat die großen Bosse in Chicago angerufen, die Typen, denen die Firma gehört, und ihnen gesagt, dass ich mich um sein Kundenkonto kümmern soll, oder er sucht sich einen anderen Zulieferer. Sie haben sich nicht darüber gefreut, aber was blieb ihnen für eine andere Wahl?«

»Da hätten wir schon wieder ein Beispiel für das fünfte Gebot.«

»Wie das?«

»Beim Picknick haben alle Mr. Moses ignoriert. Er ist ein feiner, bodenständiger Kerl, und da er nicht mit seinem Erfolg prahlt, hatte niemand einen blassen Schimmer, welche Bedeutung er für eure Firma hat. Indem du Interesse an ihm gezeigt hast und nett zu ihm warst, hast du eine Gelegenheit bei etwas entdeckt, was andere links liegen gelassen haben.«

»Ja, aber er ist ganz bestimmt kein Müll«, protestierte Joseph.

»Auf keinen Fall, aber er *wurde* links liegen gelassen wie jemand, mit dem es sich nicht zu sprechen lohnt. Das ist eine wichtige Lektion in dieser Angelegenheit, wie ich finde. Sieh jetzt nicht hin, aber Smith ist auf dem Weg hierher«, warnte Gregory und verschwand in einem Papierstapel.

»Wie macht er das nur?«, wunderte sich Joseph.

Tatsächlich stand Smith fünf Sekunden später vor ihm und hielt beide Hände hoch, um mit Joseph abzuklatschen.

139

»Schlagen Sie ein, mein Freund. Da haben Sie ja einen ganz schönen Coup gelandet.«

»Coup? Wovon sprechen Sie?«

»Wovon ich spreche, fragt er mich.« Smith hob den Kopf und sprach nach oben, als ersuchte er irgendeine Gottheit dort oben in der abgehängten Decke um Rat. »Ich spreche davon«, sagte er und blickte Joseph jetzt geradewegs ins Gesicht, »wie Sie den Jungs in Florida unseren besten Kunden vor der Nase weggeschnappt haben, ohne dass die irgendwas dagegen tun konnten. Nicht das Geringste. Die sind stinksauer, stinksauer, mein Freund«, fügte Smith hinzu und hielt wieder die Hände hoch.

Joseph klatschte halbherzig mit einer Hand ab und erwiderte: »Ich habe niemandem etwas weggeschnappt. Mr. Moses hat nach mir verlangt.«

»Natürlich hat er das«, sagte Smith und blinzelte Joseph zu.

»Das ist die Wahrheit. Ich habe bei ihm auch nichts anderes gemacht als bei meinen Vertreteranrufen. Ich behandle die Leute einfach nur so, wie sie behandelt werden wollen.«

Smith lachte, weil er das für einen Witz hielt.

»Ooooh, welcher Management-Guru hat Ihnen denn das beigebracht?«

»Karen.«

»Karen, die scharfe Schnecke mit dem Mustang aus der Marketing- und Werbeabteilung? Die, gegen die ich bei unserem Match danebengeschlagen

habe, damit ich nicht danebenschlagen musste, als
es gezählt hat? Die?«

»Ja ... die.«

»Aha, sie gefällt Ihnen also, habe ich Recht?«
Smith sah ihn forschend an. »Obwohl Sie mit dieser
Anwältin zusammenleben, die Daddys Kanzlei erben
und ein Vermögen machen wird.«

»Sie können sie gerne haben, wenn Sie sie so toll
finden«, platzte Joseph heraus.

Smith legte den Kopf auf die Seite und sah Joseph
eigenartig an.

»Wie kommen Sie denn darauf?«

»Sie scheinen so beeindruckt von ihr zu sein. Vielleicht sind Sie beide ja füreinander geschaffen. Wie
denken Sie darüber?«

»Ich denke, ich sollte lieber wieder weiterarbei-
ten«, erwiderte Smith und eilte davon, wobei er einmal stehen blieb, um zu Joseph zurückzublicken, ehe
er sich ein letztes Mal das Haar aus der Stirn warf und
verschwand.

»Was sollte das alles?«, fragte Joseph, da er sich
sicher war, dass Gregory wieder auftauchen würde.
Das tat dieser auch.

»Ich glaube, du solltest in seiner Gegenwart lieber
vorsichtig sein.«

»Gibt es ein Gebot der Kakerlaken, das das beinhal-
tet?«

»Ja, aber zuerst musst du das verinnerlichen, das du
gerade gelernt hast.«

»Klar, warum solltest du mich überfordern?«

»Mach dich einfach auf ein paar Veränderungen hier gefasst«, sagte Gregory geheimnisvoll.

»Wie zum Beispiel?«

»Das sage ich dir nicht, aber achte mal darauf, ob Harsh sich in den nächsten Tagen irgendwie anders verhält.«

Joseph warf ihm einen argwöhnischen Blick zu.

»Führst du irgendwas im Schilde?«

»Nur einen kleinen geselligen Ausflug, weiter nichts.«

11. Kapitel
Die trojanische Eishockeytasche

Das Spielniveau war nicht annähernd so hoch, wie es seinem Können entsprochen hätte, doch Harsh liebte seine Sonntagabendspiele in der Herren-Eishockeyliga. Zwei Drittel der Tore des Teams gingen auf sein Konto, und seine Mannschaftskameraden behandelten ihn – so gut es in einer Stammtisch-Liga ging – wie einen Star.

Smith, der es nach Harshs Ansicht mit seiner Speichelleckerei etwas übertrieb, hatte die Rolle des Teammanagers und Maskottchens übernommen. Er jubelte jedes Mal, wenn Harsh einen Treffer landete oder irgendeinen Buchhalter mittleren Alters gegen die Bande rempelte, stöhnte auf Kommando, wenn einer seiner Schüsse das Tor verfehlte, und hatte immer Pizzas, Chicken Wings und Bier parat, wenn die Spieler nach dem Duschen hinauf in die Bar kamen.

Harsh hatte fünfzehn Jahre zuvor auf dem College eine Saison lang Eishockey gespielt. Er wurde es nie müde, anderen Leuten davon zu erzählen, verschwieg dabei allerdings, dass es sich nur um ein berufsvorbereitendes College handelte. Seine College-Eishockeykarriere fand im zweiten Jahr ein Ende, als er aufgrund einer Kombination aus schlechten Noten und Körperverletzungsdelikten abseits der Eisfläche aus der Mannschaft – und vom College – geworfen wurde. Und so war ihm nur die Stammtisch-Liga geblieben.

Die Partie an diesem Abend war etwas ganz Besonderes. Ein paar Ligen aus anderen Eisstadien im Westen des Bundesstaats New York, einem Tummelplatz für ehemalige Spitzenspieler, und seine eigene Liga hatten sich zusammengetan und eine Meisterschaft organisiert. Die Teams hatten sich zunächst in ihrer Liga durchsetzen müssen, anschließend hatte jeder gegen jeden gespielt, bis die zwei besten Mannschaften feststanden. Und deshalb war Harsh an diesem Abend da. Sein Team und ein anderes hatten die ersten beiden Plätze belegt, und wer das heutige Match gewann, konnte mit dem ersten Platz in der Stammtisch-Liga prahlen. Dafür war er schon seit Langem bereit.

Bereit war jedoch nicht gleichbedeutend mit pünktlich. Vor allem zu wichtigen Spielen tauchte Harsh gerne mit Verspätung auf, damit seine Mannschaftskameraden sich Sorgen machten und es zu schätzen wussten, wenn er schließlich doch erschien.

Alle anderen waren mindestens schon halb angezogen, als er in die Umkleidekabine stolziert kam. Seine Ankunft wurde im Chor bejubelt.

»Was ist passiert? Haben Talentscouts der National Hockey League versucht, dich auf dem Parkplatz zu entführen?«

»Oh, Mann, endlich. Ich dachte schon, wir müssen diesen dicklichen Freund von dir mit der komischen Frisur in ein Trikot stecken.«

»Hey, Harsh, wir hatten schon befürchtet, die Gegner hätten dich abgemurkst, damit sie eine Chance haben.«

Harsh grinste seine Mannschaftskameraden breit an und empfand innige Zuneigung für jeden Einzelnen von ihnen. Er ließ seine Sachen fallen, breitete die Arme aus und verkündete: »Ich bin angekommen, ihr Glückpilze.«

»Du solltest bei deiner Ankunft lieber einen Zahn zulegen, weil wir jeden Moment aufs Eis müssen.«

Harsh setzte sich in Bewegung und entledigte sich mit routinierten Handgriffen seiner Kleidungsstücke, ohne vorher seine Eishockeytasche zu öffnen.

»Seht euch das mal an, Jungs«, posaunte er.

Vor zwei Tagen war der Helm eingetroffen, den Harsh sechs Wochen zuvor in einem Eishockey-Spezialgeschäft bestellt hatte. Dabei handelte es sich um ein schwer zu beschaffendes Modell eines europäischen Herstellers, das Harsh obendrein in den Teamfarben geordert hatte, was die Lieferzeit zusätzlich verlängerte. Er konnte die Reaktion seiner Mannschaftskameraden kaum erwarten, wenn er ihnen erzählte, dass er das nur getan hatte, weil er wusste, dass sie so weit kommen würden. Dies wäre ohne ihn natürlich unmöglich gewesen. Eigentlich hätte sein Team selbst auf die Idee kommen können, ihm einen speziellen Helm zu besorgen. Doch egal, er würde einschlagen wie eine Bombe.

Mit einer dramatischen Geste zog Harsh den Reißverschluss der Tasche auf und wartete, bis sie sich durch ihr Eigengewicht öffnete. Dann steckte er eine Hand hinein und griff nach seinem Helm – ohne hinzusehen, da er ihn ganz oben eingepackt hatte. Er war bereit, das edle Stück herauszuholen und es sich vor den Augen aller mit einer schockierenden und Ehrfurcht gebietenden Gebärde über den Kopf zu stülpen.

Doch irgendetwas krabbelte an seinem Arm hinauf.

Kakerlaken!

Scharen von Kakerlaken!

Vor Entsetzen gelähmt sah Harsh zu, wie sie seinen Arm hinaufsausten und sich in den Haaren auf seiner Brust und seinem Rücken verteilten und dann in den Haaren an seinen Beinen und an anderen Stellen, wo kein Mensch sie jemals verdient hätte.

Die anderen Männer starrten ihn ungläubig an und verließen fluchtartig die Umkleide, als die Schaben auf sie zukamen.

Zwei Minuten später kam der Schiedsrichter in die

Umkleide und sagte: »Ich habe schon von Psycho-
pathen gehört, Harsh, aber Ihre Jungs sind wirklich
schlimm. Sie sind da draußen und erzählen der anderen Mannschaft, Sie wären von Kakerlaken befallen.
So ein Blöd...«

Der Mund des Schiedsrichters klappte zu, als er
sah, dass es stimmte. Er stand mit geweiteten Augen
da, seine Beine zitterten, und er war unfähig, sich zu
bewegen, bis sich eine einzelne Kakerlake gemächlich seinem Fuß bis auf dreißig Zentimeter näherte;
dann setzte er trotz seiner Schlittschuhe zu einem
verzweifelten Sprint an.

Zwanzig Minuten später stand Harsh noch immer
unter der Dusche. Er war überzeugt davon, dass er
noch nicht alle Kakerlaken fortgespült hatte, und
spürte überall winzige Beine über seinen Körper mar-
schieren, als Smith vorsichtig hereinkam, bereit,
beim Anblick des ersten nicht-menschlichen Lebe-
wesens sofort das Weite zu suchen.

»Hey, Harsh, Ihr Team ist disqualifiziert, das Spiel
ist vorbei.«

Smith war sich sicher, dass Harsh ihn gehört haben
musste, bekam aber keine Antwort. Er ging zum Eingang des Duschraums, in den er jedoch nicht hinein-
sehen konnte, da das heiße Wasser, das aus allen voll
aufgedrehten Duschen strömte, dichten Dampf auf-
steigen ließ.

»Sind Sie da drin, Harsh? Alles in Ordnung mit
Ihnen?«

»Das war er«, ertönte eine grimmige Stimme erstaunlich nah. Smith machte erschrocken ein paar Schritte rückwärts.

»Wer, ›er‹?«

»Die Kakerlake vom letzten Mal.«

»Wovon sprechen Sie?«

»Von der Kakerlake, die vorneweg an meinem Arm hochgekrabbelt ist. Das war dieselbe wie in meinem Hotdog beim Picknick.«

»Ich bitte Sie, ich weiß, dass Sie einen Schreck bekommen haben, aber Sie müssen sich zusammenreißen.«

»Ich sage Ihnen, das war er. Ich würde ihn überall wiedererkennen. Mann, oh, Mann«, stöhnte er gequält, »was für ein Albtraum. Sind die anderen noch hier?«, erkundigte sich Harsh hoffnungsvoll.

»Fehlanzeige. Die sind alle nach Hause gegangen.«

»Was ist mit Ihnen, Smith? Möchten Sie noch auf ein Bier oder zwei bleiben?«

»Geht leider nicht, Harsh, ich muss los.«

Harsh nickte unter der Dusche.

»Es war dieselbe verdammte Schabe«, murmelte er düster. »Ich würde sie überall wiedererkennen.«

12. Kapitel
Lass dir Augen am Hinterkopf wachsen

Hast du schon gehört?«, fragte Joseph Gregory.
Es war sieben Uhr am Montagmorgen. Bei seiner
neuen Telefonstrategie der letzten Woche hatte Joseph bald gelernt, dass die meisten Firmenbesitzer
und höheren Tiere, mit denen er sprechen musste,
früh zu arbeiten begannen und dass sie leichter zu
erreichen waren, bevor die Empfangsdamen zur Arbeit erschienen und anfingen, Anrufe wie seine aus-
zusondern.

»Was gehört?«, erwiderte Gregory.

»Mr. Lindley hat mich gestern spätabends angerufen. Übrigens hat er mir inzwischen verziehen, jetzt,
wo meine Zahlen so gut sind. Wenn ich ihn richtig
verstanden habe, hatte Harsh so was wie einen Ner-
venzusammenbruch und wird ein paar Tage nicht
zur Arbeit erscheinen.«

»Hat er dir irgendwelche Details genannt?«

»Eigentlich nicht, er hat nur erwähnt, dass Harsh
der Stress zu viel geworden ist und dass er möglicher-

weise emotionale Probleme hat, von denen in der Firma nichts bekannt war. Was für eine Überraschung! Jeder, der Harsh schon mal erlebt hat, weiß, dass seine Emotionen ungefähr so stabil sind wie heißes Dynamit.«

»Unter diesen Umständen ist mir klar, warum Mr. Harshfeld so reagiert hat«, sagte Gregory nachdenklich.

Josephs Augen verengten sich, und er musterte Gregory eingehend, der entspannt in einem Haufen Späne neben dem Bleistiftspitzer lag.

»Hattest du irgendwas damit zu tun, was auch immer passiert ist?«

»Ich kann nichts dafür, dass er keinen Spaß versteht.«

»Spaß? Es hat einen menschlichen Pitbull in einen hoffnungslosen Fall verwandelt. Komm schon, erzähl mir, was passiert ist.«

»Nur wenn du mir versprichst, dass du nicht sauer wirst. Ich weiß, ich hätte mich nicht einmischen sollen, aber du darfst nicht vergessen, dass der Kerl mich beinahe gegessen hätte.«

»Das war ein Unfall, und das weißt du ganz genau.«

»Das macht die Erfahrung auch nicht weniger traumatisch«, erwiderte Gregory mit einem Schniefen, »aber okay, dann erzähle ich es dir eben.«

Und damit hüpfte Gregory auf seinen Lieblingsplatz auf dem Bleistiftspitzer und erzählte die ganze Geschichte.

Gregory war am Freitagnachmittag heimlich in Harshs Aktentasche gekrochen und mit ihm nach Hause gefahren. Er hatte sich nicht gewundert, als er feststellte, dass die Aktentasche, mit der Harsh tagein, tagaus zur Arbeit kam, bis auf ein paar Pferderennen-Wettscheine vom Buchmacher und ein Exemplar der Bikini-Sonderausgabe der *Sports Illustrated* fast leer war. Zwischen Freitagabend und dem Spiel am Sonntag lernte Gregory den großen Schaben-Clan kennen, der Harshs Haus bewohnte. Da sich herausstellte, dass es sich bei einigen von ihnen um entfernte Verwandte von Gregory handelte, war er herzlich willkommen.

Zunächst hatten sie gezögert, sich an Gregorys Vorhaben zu beteiligen. Harsh bot ihnen den perfekten Lebensraum. Er war fürchterlich unordentlich und ließ überall Essensreste und schmutzige Teller stehen. Da er ganz allein in seinem großen, heruntergekommenen Haus wohnte, das er als Investition gekauft hatte, nachdem er einen Fernsehwerbespot gesehen hatte, in dem schnelles Geld durch Immobilienerwerb versprochen wurde – und es dann nicht annähernd gewinnbringend hatte verkaufen können –, hatten die Kakerlaken den größten Teil davon zur freien Verfügung. Er hielt sich überwiegend im Schlafzimmer und im Wohnzimmer auf, wo seine Heimkinoanlage stand. Doch nachdem Gregory im Gegenzug die Dienste seines Clans versprochen hatte – und er verfügte über weitreichende Kontakte in der Kakerlakenwelt –, beschlossen sie, sich zu beteiligen.

Als der Zeitpunkt für das Spiel am Sonntag nahte, marschierten vierhundert Kakerlaken in Harshs Eishockeytasche. Dabei handelte es sich um ein mutiges Unterfangen, da es in der Tasche so bestialisch stank, dass sich ein großer Teil der Truppe über chemische Kriegsführung beklagte. Als ihr General wies Gregory sie an, solange in Stellung zu bleiben, bis er ihnen das Signal zum Ausschwärmen gab.

Als es so weit war, führte Gregory den Angriff an, lief geradewegs Harshs Arm hinauf und sah ihm in die Augen. Der Plan wurde präzise umgesetzt. Die Kakerlaken verteilten sich auf Harshs ganzem Körper einschließlich aller Nischen und Winkel. Dann zogen sie sich auf Gregorys zweites Kommando hin in die Spalten zwischen Wand und Boden zurück. So würden alle bis auf Harsh, seine Mannschaftskameraden und ein Schiedsrichter die Geschichte von der Kakerlakenattacke anzweifeln. Wohin waren sie alle verschwunden? Und wie war es möglich, dass nirgendwo eine einzige tote Kakerlake lag? Harsh hatte seine Eishockeytasche wie wild gereinigt, doch während er anschließend duschte, krochen die Truppen aus seinem Haus in ein Seitenfach der Eishockeytasche und traten mit ihm die Heimfahrt an. Gregory versteckte sich in Harshs Hemdkragen.

Wieder nach Hause zu kommen stellte für Gregory kein Problem dar. Die Kakerlaken-Invasion hatte Harsh in eine paranoide Panik gestürzt, und er redete sich ein, dass dieser Zwischenfall die Eröffnungssalve eines Angriffs war, der irgendetwas mit der Arbeit zu tun hatte. Schließlich hatte er die Kakerlake erstmals beim Firmenpicknick zu Gesicht bekommen. Er fuhr vom Eisstadion schnurstracks ins Büro und nahm alles mit, von dem er glaubte, es könne gegen ihn verwendet werden oder ließe sich als Druckmittel benutzen, damit er seinen Job behielt.

Während Harsh in seinem Sessel vor sich hin brütete, krabbelte Gregory als Zugabe unter seinem Kragen hervor und lief zu seiner Nasenspitze. Dort richtete er sich auf seinen Hinterbeinen auf, flatterte mit den Flügeln und wackelte mit den Antennen. In einem schielenden Anfall von Entsetzen und Wut holte Harsh zu einem vernichtenden Schlag auf die Kakerlake aus. Gregory erahnte ihn, noch bevor Harsh ganz ausgeholt hatte, hüpfte von dessen Nase und flüchtete in das Motorgehäuse des Mini-Kühlschranks, der ganz in der Nähe stand.

Gregory hielt inne und beobachtete, wie Harsh sich selbst auf die Nase schlug und rückwärts in seinen Sessel kippte. Die Wucht des Aufpralls brachte den Stuhl zum Umfallen, und Harsh landete mit allen vieren von sich gestreckt auf dem Fußboden, wo er eine Stunde lang stöhnend liegen blieb und mit beiden Händen seine gebrochene Nase hielt.

»Ich bin mir nicht sicher, ob das richtig war oder nicht, aber ich kann nicht behaupten, dass er mir Leid tut«, stellte Joseph fest. »Er hat hier vielen Leuten das Leben zur Hölle gemacht, nicht nur mir.«

»Das kann man wohl sagen«, erwiderte Gregory. »Wir Kakerlaken in diesem Gebäude stufen ihn als einen der schlimmsten Menschen hier ein.«

»Als einen der schlimmsten? Wer könnte schlimmer sein als er?«

»Smith zum Beispiel.«

»Nein, nicht Smith, der ist nur erbärmlich, nicht gefährlich.«

»Joseph, Harsh geht wenigstens direkt auf einen los. Smith ist dagegen einer von der Sorte, die ständig versuchen, hinter dem Rücken anderer Verschwörungen und Intrigen einzufädeln, ohne sich irgendjemandem gegenüber loyal zu verhalten, sich selbst ausgenommen.«

Joseph ließ sich das durch den Kopf gehen.

»Stimmt, aber alle wissen, dass er ein Mistkerl ist. Deshalb hat vermutlich auch keine der Beschwerden zu irgendwas geführt, die er bei der Firma eingereicht hat.«

»Das macht ihn nicht weniger gefährlich. Ehrlich gesagt veranlassen mich meine Bedenken hinsichtlich der Ereignisse hier sogar dazu, deine Ausbildung zu beschleunigen. Bist du bereit für ein weiteres Gebot der Kakerlaken?«

»Schieß los«, sagte Joseph, lehnte sich in seinem

Stuhl zurück und verschränkte die Hände hinter dem Kopf.

»Hier ist es: Lass dir Augen am Hinterkopf wachsen.«

»So was habe ich bislang nur in Horrorfilmen gesehen – du weißt schon, wenn genetische Mutationen verrückt spielen.«

»Sehr witzig, aber ich bin sicher, du weißt, dass das nicht wörtlich zu verstehen ist. Also sag mir, was das Gebot deiner Meinung nach bedeutet«, forderte Gregory Joseph auf wie ein Professor einen Studenten, der schließlich doch einen Funken Intellekt unter Beweis gestellt hat.

»Da du mich gerade vor Smith gewarnt hast, muss das Gebot bedeuten, dass man darauf achten soll, was andere hinter deinem Rücken tun und ob sie etwas planen, das einem schaden könnte.«

»Nicht schlecht, du hast es zum Teil verstanden. Du musst wissen, dass wir Kakerlaken eine Art Frühwarnsystem besitzen.«

»Du meinst eure Antennen?«

»Nein, die sind gut geeignet, um auszumachen, was ganz in der Nähe vor sich geht, aber nur im Umkreis von ein paar Zentimetern. Hier, sieh dir das mal an«, sagte Gregory, drehte sich um und präsentierte sein Hinterteil.

»Halt, jetzt aber mal langsam, ich nehme auf keinen Fall den Hintern einer Kakerlake unter die Lupe.«

»Ach, denkst du etwa, deiner wäre was Besseres?

155

Was ich dir zeigen wollte, sind diese beiden Fühler
da. Die kleinen Härchen darauf füttern die Nerven,
die in den Fühlern verlaufen, mit Informationen.«
Joseph hatte den Kopf weggedreht, sah jetzt aber
aus dem Augenwinkel hin und erkannte, wovon
Gregory sprach.
»Okay, ich sehe sie. Könntest du dich jetzt bitte
wieder umdrehen?«
Gregory kam der Aufforderung nach und sagte
dann: »Die funktionieren wie Bewegungsmelder
und nehmen alles wahr, von anderen Lebewesen bis
hin zu Luftbewegungen. Ich merke, wenn etwas auf
mich zukommt, lange bevor es mich erreicht.«
»Aber was war an dem Tag, als wir uns kennengelernt haben, als ich den Müsliriegel in die Hand genommen habe und du auf der Verpackung warst?
Ich habe die Schreibtischschublade geöffnet und
meine Hand hineingesteckt, aber du hast nichts gemerkt, bis es zu spät war. Dabei habe ich nicht mal
versucht, dich zu überraschen.«
Gregory drehte ein paar schnelle Runden auf dem
Bleistiftspitzer, dann blieb er stehen und sagte: »Es
ist mir zwar peinlich, es zuzugeben, aber es ist eine
gute Lektion für dich. Trotz oder gerade wegen meiner tollen Ausrüstung bin ich überheblich geworden und habe es versäumt, aufmerksam zu sein. Ich
habe angenommen, dass niemand so früh zur Arbeit
kommen würde, und versäumt, auf irgendwas anderes zu achten als darauf, mich vollzufressen. Das

hätte sich als fataler Fehler erweisen können – wie der fatale Fehler, den du begehen wirst, wenn du denkst, Smith wäre nur ein fieser Kerl, der keine echte Bedrohung darstellt.«

»Aber ich habe keinen Hintern, aus dem ein Bewegungsmelder wächst.«

»Jetzt bist du schon wieder albern. Du weißt genau, was ich meine – achte auf Veränderungen in deiner Umgebung: ob sich Leute anders verhalten, ob sie anders mit dir umgehen, auf Veränderungen in der Hackordnung und auf alles andere, was du so aufschnappst. Du besitzt die Ausrüstung, Joseph, du musst sie nur in Betrieb nehmen.«

»Und was mache ich mit den Informationen, die ich aufschnappe? Ich bin kein hinterlistiger Typ, wie du wahrscheinlich schon gemerkt hast. Wie soll ich mit Leuten mithalten können, die Sachen hinter meinem Rücken machen? Ich tue so was nicht.«

»Du musst dich nicht genauso verhalten. Aber mach es den anderen nicht so leicht und bleib einfach still sitzen, bis sich jemand anschleicht und dich zerquetscht. Wenn wir Kakerlaken merken, dass sich uns etwas nähert, ist unser erster Instinkt, ihm aus dem Weg zu gehen. Wir reagieren schneller, als Menschen blinzeln können. Sobald man in Sicherheit ist – zumindest vorübergehend –, kann man seine eigenen Schritte planen. Vergiss aber nicht, dass Überleben höchste Priorität hat.«

»Ich nehme an, ich habe mich schon zu sehr daran gewöhnt, eine leichte Beute zu sein, oder zumindest eine gut dressierte.«

»Das ist eine gute Methode, um bei jemand anderem auf dem Teller zu landen. Wie mein Großvater zu sagen pflegte: Entkomme dem Kammerjäger und überlebe, um einen weiteren Tag zu kämpfen.«

13. Kapitel
Fliegender Wechsel

Während Joseph und Gregory in ihre Unterhaltung vertieft waren, trafen sich Gerald Smith und Monica Primson zum Frühstück, wie sie es bereits seit einer Woche täglich taten. Das Restaurant war ein vornehmer Laden mit dem Namen Dickenson's im Foyer des Gebäudes, in dem sich die Kanzlei befand, in der Monica arbeitete und die ihrem Vater als geschäftsführendem Teilhaber gehörte.

Monica aß einen Bissen von ihrem Omelett aus Eiweiß, fettfreiem Käse und Spinat, während sie Smith dabei beobachtete, wie er über einen Stapel kohlenhydratarme Pfannkuchen herfiel, die die erschreckende Menge an zuckerfreiem Sirup, mit dem er sie getränkt hatte, vollständig aufsaugten.

»Wie lange soll ich noch zulassen, dass Joseph mir auf der Tasche liegt, bis ich ihn rauswerfe? Er wird langsam unerträglich.«

Smith hielt beim Essen inne, um seine Hand tröstend auf ihr Handgelenk zu legen, und sagte: »Ich weiß, dass es schwierig ist, aber lass uns erst die Dinge in der Firma regeln, bevor wir Joseph in die Pfanne hauen.«

Monica seufzte und schüttelte den Kopf.

»Ich dachte wirklich, er hätte Potenzial. Ich meine, als wir uns kennengelernt haben, war mir schon klar, dass er ein ziemlich zielloser Waschlappen ist, aber ich habe geglaubt, echten Charakter und Intellekt zu erkennen, die nur darauf warteten, an den Tag zu treten. Aber vermutlich habe ich mich getäuscht. In den letzten zwei Wochen hat er sein wahres Gesicht gezeigt, und das gefällt mir überhaupt nicht.«

Smith nickte verständnisvoll.

»Bei der Arbeit war es genau dasselbe mit ihm, Monica, und denk daran, was er beim Picknick mit mir gemacht hat – das war nichts anderes als ein Angriff.«

»Macht dir dein Rücken noch Probleme?«

»Mein Rücken?«

»Am Tag danach hast du gesagt, dass dir dein Rücken wehtut.«

»Ich glaube, er ist wieder in Ordnung, warum?«

»Na ja, ich habe mit Dad darüber gesprochen, und wir sind in Bezug auf deine Verletzung der Meinung, dass die Firma eine Klage abwenden könnte, wenn sie dich entschädigt.«

Das Frühstück war Smith nicht mehr wichtig, und er schob seinen Teller beiseite, stützte die Ellbogen auf dem Tisch auf und legte das Kinn auf die geballten Fäuste.

160

»Ich habe eine hohe Schmerzschwelle und kuriere Verletzungen normalerweise einfach aus, aber wenn ich es mir recht überlege, verursacht mir mein Rücken schon ziemlich heftige Schmerzen. Sollte ich einen Arzt aufsuchen?«

»Wir können dir gerne einen empfehlen.«

»Das Problem ist, wie ich dir gestern Abend erzählt habe, dass ich Harshs Job bereits unter Dach und Fach habe.«

»Bist du dir da sicher?«

»Ja. Ich habe Lindley gleich nach dem Spiel angerufen und ihm erzählt, dass Harsh geschrien hat, ihn würden Kakerlaken angreifen, aber dass ich keine einzige gesehen habe und der Eisstadionmanager auch nicht.«

»Aber du hast doch gesagt, seine Mannschaftskameraden hätten die Geschichte bestätigt, dass eine ganze Armee von Kakerlaken aus seiner Eishockeytasche gekrabbelt kam.«

Smith winkte ab.

»Sicher, aber das sind seine Kumpels, was soll man da erwarten? Ich habe Lindley gesagt, dass es nach dem Erlebnis mit der Kakerlake beim Picknick bei ihm ausgehakt hat. Er muss stärker unter Stress gestanden oder wesentlich mehr Probleme gehabt haben, als bekannt war. Ich habe dafür gesorgt, dass der Eisstadionmanager Lindley ebenfalls anruft, um meine Geschichte zu bestätigen.«

»Das hast du mir schon erzählt, aber wie lange wirst

du Harsh da raushalten können? Er scheint ein ziemlich energischer Typ zu sein.«

»Lindley gibt mir von heute an seinen Posten. Glaub mir, Harsh kommt nicht mehr zurück.«

»Warum dann so bescheiden?«

»Wie bitte?«

»Wie ich bereits erwähnt habe, wir könnten dafür sorgen, dass die Firma dich entschädigt, wenn du wegen deiner Verletzung keine Klage einreichst. Aber du solltest nicht Joseph die Schuld in die Schuhe schieben; er ist nur ein kleiner Fisch. Lindley ist der Bezirksleiter und für die Niederlassung verantwortlich, also landet der Schwarze Peter bei ihm.«

»Und vielleicht sollte jemand anders etwas Farbe ins Spiel bringen?«

Monica lachte leise über seinen Witz.

»Meiner Meinung nach kommt in jedem Rennen der Zeitpunkt, wo man das Staffelholz an den Läufer abgeben sollte, der an der Reihe ist.«

Jetzt griff Smith nach ihr, und die beiden hielten diskret unter dem Tisch Händchen.

»Du bist etwas ganz Besonderes, weißt du?«, sagte er und drückte ihr Knie.

Sie schob seine Hand weg und erwiderte: »Es ist schön, endlich geschätzt zu werden.«

Nur Sekunden nach Lindleys Bekanntmachung, dass Smith den Abteilungsleiterposten übernehmen würde, während Harsh eine Auszeit nahm und sich um

»persönliche Angelegenheiten« kümmerte, kam Ersterer wie ein Superstar, der hinter der Bühne ungeduldig darauf gewartet hatte, angekündigt zu werden, in die Verkaufsabteilung gerauscht.

»Das ist nur vorübergehend, und wir alle wünschen Mr. Harshfeld rasche Besserung«, sagte Lindley zu den vor ihm versammelten Vertretern und blickte verdattert drein, als Smith ihn daraufhin am Ellbogen packte und fortführte, ohne ihn tatsächlich zu schieben.

»Vielen Dank, Mr. Lindley, und lassen Sie mich hinzufügen, dass ich es sehr zu schätzen weiß, für Mr. Harshfeld einspringen zu dürfen. Wir hoffen alle, dass es dem alten Knaben bald besser geht und er uns wieder Gesellschaft leisten kann, nicht wahr?«

Aus seinem kleinen Publikum ertönte ein Chor von gemurmelten »Sicher« und »Naja«.

»Dann wollen wir uns mal an die Arbeit machen.«

In seiner neuen Funktion erschien Smith binnen Minuten an Josephs Arbeitsplatz und plusterte sich auf.

»Joey, wir nehmen Sie vom Telefon. In den Notizen, die Harsh letzte Woche zur Aufgabenverteilung gemacht hat, sind Sie zur Prüfung aller neuen und bestehenden Verkaufskonten eingeteilt.«

»Das meinen Sie doch wohl nicht ernst, Smith.«

Smith kam langsam auf Joseph zu, der auf seinem Stuhl saß, und beugte sich hinunter, um auf gleicher Augenhöhe zu sein.

»Doch, das meine ich todernst, Joey, und außerdem hat Harsh seine Bedenken bezüglich Ihres Verhaltens in letzter Zeit vermerkt. Ich tue Ihnen einen Gefallen, wenn ich Ihnen sage, dass Sie sich auf sehr dünnem Eis bewegen.«

Joseph konnte das Gel in Smiths Haar riechen, das jetzt nur Zentimeter vor seiner Nase hing, und es roch ekelhaft, als hätte er den Kopf in ein Fass mit Industriegiften getaucht.

»Smith, Harsh hat sich noch nie in seinem Leben Notizen zu irgendwas gemacht. Der Typ kann kaum seinen eigenen Namen buchstabieren. Das ist Quatsch, und das wissen Sie ganz genau. Eine Kontenprüfung wird Wochen dauern – bekomme ich wenigstens eine Gehaltserhöhung als Ausgleich dafür, dass ich auf meine Provision verzichten muss?«

»Erstens, ich verbitte mir, dass Sie Mr. Harshfeld hinter seinem Rücken beleidigen. Zweitens, Sie bekommen keine Gehaltserhöhung, sondern müssen sich einfach ein bisschen beeilen, damit Sie bald wieder auf Provisionsbasis arbeiten können. Und drittens, wenn Sie sich weigern, sorge ich dafür, dass Sie gefeuert werden, und zwar noch heute. Haben Sie das verstanden, Joey?«

Smith riss den Kopf abrupt nach oben, wobei ein klebriger Batzen Haargel auf Josephs Handgelenk landete. Joseph zuckte mit der Hand zurück, als habe er sich verbrannt.

»Sie sind verrückt, Smith. So schlimm war nicht

mal Harsh. Und was haben Sie da in den Haaren, Agent Orange?«, fragte Joseph und wischte das widerliche Zeug mit dem Ärmel weg. Smith ignorierte die Frage.

»Lehnen Sie Ihre Aufgabe ab?«

»Ich denke darüber nach.«

»Bis Ende der Woche möchte ich einen Bericht über Ihre bisherigen Fortschritte sehen. Wenn er bis dahin nicht auf meinem Schreibtisch liegt, sind Sie gefeuert. Haben Sie mich verstanden?«

»Oh, ja, ich verstehe Sie, und zwar besser, als Sie denken.«

»Sie haben ja keine Ahnung«, erwiderte Smith mit einem boshaften Kichern.

Joseph glaubte, dass der Tag nicht mehr schlimmer für ihn werden könnte, doch er wurde noch schlimmer. Später am Vormittag betrat er Karens Büro und führte zunächst eine angenehme Unterhaltung mit ihr. Seine Laune verbesserte sich umgehend, wurde ihm allerdings bald wieder vermiest.

»Joseph, ich muss dir was erzählen.«

»Was, dass du mit Smith durchbrennst?«

»Ja, woher wusstest du das?«, sagte sie und schenkte ihm ein flüchtiges Lächeln. »Die Sache ist die, ich suche schon seit einer Weile nach einem neuen Job und bin mir sicher, dass ich diese Woche ein paar gute Angebote bekomme.«

Joseph war nicht nur fassungslos, sondern kam sich obendrein dumm vor. Er hatte keine Ahnung gehabt, dass sie auch nur daran dachte zu kündigen.

»Aber warum willst du kündigen? Hier läuft es doch super für dich. Du bist der Star der ganzen Abteilung.«

»Das ist nett von dir, Joseph, aber diese ganze Abteilung gehört zu einer Firma für Sanitärbedarf. Es wird Zeit, dass ich was mache, das ein bisschen anspruchsvoller ist.«

Sie hatte Recht, und da Joseph wusste, dass daran nicht zu rütteln war, sagte er zu ihr: »Wer auch immer dich bekommt, ist ein verdammter Glückspilz … äh, ich wollte sagen, eine verdammt glückliche Firma.«

»Wolltest du?«

»Wollte ich was?«, fragte Joseph völlig durcheinander zurück.

»Korrigieren, was du über den Glückspilz gesagt hast, der mich bekommt?«

»Ach, das, na ja, also, sieh dich doch mal an, du bist perfekt«, stotterte er.

»Danke, du bist auch was ganz Besonderes«, sagte Karen und sah ihm dabei direkt in die Augen. Dann sagte sie besorgt: »Dein Gesicht ist ja knallrot, Joseph, ist alles in Ordnung mit dir?«

Er nickte und erwiderte heiser: »Ja, mir geht's gut. Mir ist nur ein Stück Bagel im Hals stecken geblieben, ich werde mir einen Schluck Wasser besorgen.«

Dann flüchtete er.

166

14. Kapitel
Greif an, während deine Feinde noch grübeln

Das war echt klasse.«
»Sieh mal, Gregory, ich möchte nichts von Pheromonen hören. Karen ist etwas Besonderes, und sie wird kündigen, bevor ich eine Chance bekomme.«
»Eine Chance wozu?«
»Mit ihr zusammenzukommen, natürlich. Aber zuerst muss ich die Sache mit Monica regeln, die mich inzwischen vermutlich hasst, und dann muss ich mich um ein paar Dinge hier in der Arbeit kümmern und dann …«
»Und dann wirst du sie verlieren, weil du zu lange rumgetrödelt hast.«
Gregory war Joseph in Karens Büro gefolgt, was er anschließend rechtfertigte, indem er sagte: »Wenn Fliegen an der Wand sitzen und mithören dürfen, warum nicht auch eine Kakerlake?« Nachdem sie wieder an Josephs Arbeitsplatz angekommen waren und dessen Kollegen sich in die Mittagspause verab-

schiedet hatten, verlor er keine Zeit, Josephs Auftritt zu kritisieren, bis dieser niedergeschlagen auf den Boden starrte.

»Aber Gregory, du verstehst das nicht. So was will gut überlegt und sorgfältig geplant sein.«

»Nein, das sorgfältige Planen solltest du besser Leuten wie Smith überlassen. Du musst dir eine einfache Strategie ausdenken und sie unverzüglich umsetzen.«

»Oh, oh, ich habe das Gefühl, jetzt kommt gleich das nächste Gebot der Kakerlaken.«

»Recht hast du, und zwar ein wichtiges: Greif an, während deine Feinde noch grübeln. Gemessen an unserer Größe sind wir Kakerlaken die schnellsten Landtiere, die es gibt – wir können uns um mehr Körperlängen pro Minute fortbewegen als jedes andere Lebewesen. Darüber hinaus können wir mehrmals in der Sekunde die Richtung ändern. Während unsere Feinde noch überlegen, wohin sie laufen sollen, haben wir uns längst in Bewegung gesetzt. Wir sind schneller und können Hindernisse besser umgehen.«

»Weißt du, Gregory, ich gebe es ja nur ungern zu, aber auf so ähnliche Weise hat Smith sich Harshs Job unter den Nagel gerissen. Er hat schnell gehandelt und war erfolgreich.«

»Ja, das stimmt zum Teil, aber Smith hat lange gegrübelt, bevor er sich in Bewegung gesetzt hat. Wenn jemand eine Kakerlaken-Taktik angewandt hätte,

168

wäre er ihm mit Sicherheit längst zuvorgekommen, und du kannst ihm noch immer einen Schritt voraus sein.«

»Wie denn? Er hat sich ja bereits verschanzt.«

»Mag sein, aber er ist trotzdem verwundbar, weil er glaubt, dass er auf ganzer Front siegen wird, und ganz und gar damit beschäftigt ist, seine Pläne auszuhecken. Er kommt überhaupt nicht auf die Idee, dass es noch eine Lücke gibt, durch die ein Widersacher schlüpfen und ihm eins auswischen kann.«

»Und damit meinst du mich.«

»Genau, und das Gleiche gilt für Karen, obwohl sie natürlich nicht dein Feind ist.«

»Inwiefern?«

»Sie sucht nach einem neuen Job, richtig?«

»Ja, da hast sie doch gehört.«

»Also, warum bietest du ihr nicht eine bessere Jobmöglichkeit«

»Gute Idee, aber wie soll ich das machen?«

»Das musst du selber rausfinden.«

»Aber Gregory, widerspricht das denn nicht dem Gebot, dass man nicht auf sein Herz hören soll, wenn ich die Sache mit Karen regle?«

»Ganz und gar nicht. Jetzt kennst du sie und hast gute Gründe. Davor war alles nur blinde Biologie, und die bringt euch Menschen ständig in Schwierigkeiten.«

»Ich weiß nicht. Mir kommt es so vor, als müsste ich mir so eine Art Geniestreich einfallen lassen, und zwar schnell, obwohl ich keinen blassen Schimmer habe, wie der aussehen soll.«

»Leider könnt ihr Menschen nicht eure Füße zum Denken benutzen wie wir Kakerlaken, aber ihr könnt *auf* euren Füßen denken – also setz dich in Bewegung.«

Obwohl Joseph völlig durcheinander und nicht in der Lage war, sich auf irgendetwas zu konzentrieren, zwang er sich, mit der Kontenprüfung zu beginnen. Normalerweise wurde sie nur dann durchgeführt, wenn die Vertreter gegenseitig ihre Arbeit beurteilten, anschließend kamen die Wirtschaftsprüfer und kontrollierten noch einmal alles nach. Auf diese Weise sollte sichergestellt werden, dass die Konten stimmten, die Provisionen richtig berechnet worden waren, die Reisekosten sich in einem vernünftigen Rahmen bewegten, die Kunden keinen Anlass zur Unzufriedenheit hatten und grundsätzlich keine belastenden Unterlagen vorhanden waren.

Aus reiner Gehässigkeit fing Joseph mit Smiths Konten an, und es dauerte nicht lange, bis er entdeckte, dass sie voller Widersprüche steckten. Auf den ersten Blick schienen sie in Ordnung zu sein, was vermutlich der Grund dafür war, dass sie von den Buchhaltern nicht beanstandet worden waren, doch Josephs geübtem Auge fielen zahlreiche Unstimmigkeiten auf. Smith hatte nicht nur die Verkaufszahlen beschönigt, wenn es darum ging, seine Provision zu berechnen, sondern hatte außerdem seine Reisekosten frisiert und Rechnungen eingereicht, bei denen sich nach der Überprüfung des Datums herausstellte, dass er zum fraglichen Zeitpunkt gar nicht für die Firma tätig gewesen war. Am meisten freute sich Joseph über die Erkenntnis, dass Smith gar nicht der erfolgreichste Vertreter war. Er selbst hatte ihn jeden Monat übertroffen – nun, nachdem Smiths Zahlen von Fälschungen bereinigt waren.

Weiteres Nachprüfen brachte ans Tageslicht, dass Harsh und Lindley einer Menge fragwürdiger Vorgänge zugestimmt hatten, und zwar nicht nur, was Smith betraf, sondern auch in Bezug auf ihre eigenen Aktivitäten. Joseph hätte sich eigentlich auf die Vertreter beschränken sollen, doch was sprach dagegen, alle Finanzunterlagen zu überprüfen, nachdem Smith sie ihm zugänglich gemacht hatte? Er widmete seinen Nachforschungen noch zwei weitere Tage und verfügte bald über genug Fakten, um für einige größere Explosionen zu sorgen.

Nachdem sich Joseph etliche Gedanken gemacht hatte, schmiedete er einen Plan, in den er Gregory einweihte.

»Meine Güte, Joseph, du hast aber deine Hausaufgaben gemacht, nicht wahr?«

»Das kann man wohl sagen, aber was ich herausgefunden habe und was ich dagegen unternehmen soll, macht mir Sorgen. Ich muss zugeben, dass mir dabei ganz schön mulmig zumute ist.«

»Das spielt keine Rolle. Entscheidend ist, dass du etwas unternimmst und dass damit keiner rechnet.«

»Was ich einfach nicht verstehe, ist, warum Smith mich die Unterlagen hat durchgehen lassen, wenn sie so viel enthalten, woraus man ihm einen Strick drehen könnte.«

»Irgendeine Idee, warum?«

»Ich weiß nicht. Vielleicht dachte er, ich würde das Handtuch werfen, oder vielleicht meint er, er wäre so viel schlauer als ich, dass ich nie rausfinden werde, was er gemacht hat – oder dass ich zu viel Angst habe, irgendwas dagegen zu unternehmen.«

»Und unternimmst du irgendwas dagegen?«

»Sieht ganz danach aus. Ich habe die Hauptniederlassung der Firma in Chicago kontaktiert, und obwohl es einiger Erklärungen bedurfte, bin ich schließlich mit dem richtigen Typen verbunden worden und habe ihm so viele Informationen gegeben, dass er sich persönlich mit mir treffen möchte. Ich fliege morgen hin. Smith denkt, ich hätte einen Vertretertermin, den ich schon vor langer Zeit ausgemacht habe und nicht mehr absagen kann.«

»Gut eingefädelt.«

»Danke. Oh, und noch eine Sache: Ich habe noch mal die Unterlagen zur Baufirma Sterling durchkämmt, diesmal allerdings sorgfältiger, und weißt du, was ich entdeckt habe?«

»Schuppen?«

»Noch schlimmer. Die größeren Baufirmen bekommen alle möglichen Ermäßigungen und Sonderkonditionen, aber der Vertreter in der Niederlassung im Süden hat sich nie die Mühe gemacht, die Provisions- und Diskontraten für Gary Moses anzupassen, als seine Firma größer wurde. Deshalb zahlt er seit ein paar Jahren mehr, als er müsste.«

»Ist das auch Bestandteil des Chicago-Ausflugs?«, erkundigte sich Gregory.

»Nein. Aber ich habe Kontakt mit den Typen aus der Finanzabteilung aufgenommen, und die haben sofort ihre Wirtschaftsprüfer darauf angesetzt. Wenn die Firma wegen Betrugs drangekriegt würde, wäre sie geliefert, also bekommt Moses sein Geld zurück und noch viel mehr.«

»Dann hast du also einen Treffer für die Guten gelandet. Weiter so.«

»Wollen wir nur hoffen, dass es in Chicago so weitergeht.«

»Ich drücke dir die Daumen. Du schaffst das schon.«

»Ich kann kaum glauben, dass ich dich das frage, aber möchtest du mich vielleicht begleiten, zur moralischen Unterstützung?«

»Sicher, auf die Art und Weise komme ich zu meinem ersten Flug.«

»Bist du dann die erste fliegende Kakerlake?«

»Oh, nein, viele meiner Verwandten fliegen die ganze Zeit. Echte Jetsetter, könnte man sagen. Es gibt sogar ein paar Kakerlaken, die schon im Weltall waren.«

»Was, verbreitet ihr Kakerlaken euch jetzt im Universum?«

»Wer weiß, vielleicht war die Erde nur der Anfang. Ein kleiner Schritt für einen Menschen, aber ein riesiger Sprung für die Kakerlakenheit.«

15. Kapitel
Die Firma

Auf dem Flug nach Chicago stellte sich Joseph ein groß aufgemachtes Treffen mit einer Menge ernst dreinblickender und offenkundig wohlhabender Männer vor, die ihm aufmerksam zuhörten und ihn anschließend ebenso aufmerksam ins Verhör nahmen. Er saß im Geiste am Kopfende eines riesigen und enorm teuren Tisches und legte seinen verblüfften Zuhörern die Zahlen dar.

Doch es kam nicht so.

Stattdessen wurde Joseph in ein schlichtes Büro geführt, das von Daniel Spector bemannt wurde, dem Vizepräsidenten der Firmenaufsicht.

»Hallo, Joseph, möchten Sie sich nicht setzen?« Mr. Spector deutete auf die beiden Stühle vor seinem Schreibtisch.

»Vielen Dank, Mr. Spector. Ich weiß es zu schätzen, dass Sie sich so schnell Zeit genommen haben, um mich zu empfangen.«

»Bitte, nennen Sie mich einfach Dan. Kommen

wir gleich zum Kern der Sache. Sie haben am Telefon einige kühne Behauptungen aufgestellt. Haben Sie dafür Beweise?«

Joseph öffnete den Reißverschluss seiner Aktentasche, holte den fünfzigseitigen Bericht heraus, den er sorgfältig vorbereitet hatte, und legte ihn zusammen mit einer Kopie desselben auf CD-ROM auf Dans Schreibtisch. Dieser wirkte nicht gerade begeistert, als fürchtete er einen Übergriff auf seinen ohnehin überladenen Terminkalender, doch er nickte, nahm den Bericht in die Hand und fing sofort an, ihn zu überfliegen. Während Dan die Seiten vor- und zurückblätterte, gab er eine Reihe von Grunzlauten und Zungenschnalzern von sich, aber Joseph konnte an seinem ausdruckslosen Pokergesicht nicht ablesen, was diese bedeuteten. Zehn Minuten Schweigen vergingen, ehe Dan den Bericht auf seinen Schreibtisch fallen ließ und sich nach vorne beugte, um Joseph genauer unter die Lupe zu nehmen.

»Sie haben bemerkenswerte Arbeit geleistet, mein Freund. Alles ist gut dokumentiert und äußerst klar. Da Ihre Firma nur ein so kleiner Teil unseres Unternehmens ist, würde ich die Angelegenheit normalerweise an den zuständigen Bezirksleiter weiterreichen, diesen Lindley, und ihn beauftragen, sich darum zu kümmern. Aber wie es scheint, ist er ein Teil des Problems, richtig?«

»Es sieht ganz danach aus, Sir, ich meine, Dan, zumindest soweit ich es beurteilen kann.«

176

»Tja, Peanuts oder nicht, eine Sache wie die wirft ein schlechtes Licht auf das ganze Unternehmen, deshalb werde ich mit einem Team meiner besten Leute zu Ihnen kommen, und zwar am, äh …« Er studierte seinen Kalender. »Am kommenden Montagvormittag. Was halten Sie davon?«

»Das wäre großartig. Sie haben bestimmt eine Menge Fragen, bei denen ich Ihnen weiterhelfen kann.«

Zu Josephs Überraschung sagte Dan: »Nein, eigentlich nicht. Ich muss mir vor Ort selbst ein Bild von der Situation verschaffen.« Und damit erhob er sich, schüttelte Joseph herzlich die Hand und begleitete ihn zurück zum Wartebereich. Mit einem abschließenden Klaps auf Josephs Schulter sagte er: »Wir sehen uns am Montag. Gut gemacht, wir wissen das zu schätzen.«

Bevor Joseph sich bei Dan bedanken konnte, war dieser bereits verschwunden. Ihre Begegnung hatte ganze zwanzig Minuten gedauert. Verwirrt von der Kürze des Treffens stand Joseph einfach da und blickte sich um, als befände er sich in einem fremden Land.

»Soll ich Sie zum Aufzug bringen, Sir?«, fragte ihn die Empfangsdame.

Während der Taxifahrer auf der anderen Seite der dicken Trennscheibe in voller Lautstärke irgendeine fürchterliche Musik hörte, die klang wie John Tesh auf Drogen, begann Joseph, das Treffen zusammen mit Gregory zu analysieren, der in einer Innentasche von Josephs Aktenmappe alles mitgehört hatte.

»Sieh mal, Joseph, dass das Treffen kurz war, ist kein schlechtes Zeichen. Du hast sein Interesse geweckt, und er will unverzüglich nach dem Rechten sehen, und zwar höchstpersönlich, also musst du ihn mit deinen Informationen beeindruckt haben.«

»Glaubst du?«

»Ja, das tue ich. Du hast genau das erreicht, wofür du hergekommen bist. Die kurze Dauer deines Auftritts ist wahrscheinlich ein Indikator dafür, wie sehr du im Recht bist.«

»Daran hatte ich noch gar nicht gedacht«, sagte Joseph, dessen Stimmung sich besserte, als die Anspannung wegen des Treffens wich und er über seine Bedeutung nachdachte. »Dann habe ich also alles richtig gemacht, hm?«

»Ganz sicher, und Glückwunsch, du hast selbst die Initiative ergriffen, anstatt zu warten und zuzulassen, dass du zum Spielball der Ereignisse wirst, über die du die Kontrolle verloren hast. Wie fühlt sich das an?«

»Wesentlich besser, als ein Dodo zu sein.«

Der Rest ihrer Reise verlief ohne irgendwelche Zwischenfälle. Joseph holte Gregory heimlich aus der Tasche, damit er auf dem Flug mit ihm zusammen einen Film ansehen konnte, und sie landeten pünktlich um sechs Uhr abends wieder in Buffalo.

Joseph machte sich auf den Weg nach Hause, nachdem er Gregory im Büro abgesetzt hatte. Er fragte sich, ob er Monica einweihen sollte. Mr. Spector hatte er versprochen, die Angelegenheit für sich zu behalten, aber sie wäre sicher beeindruckt gewesen, wenn sie erfahren hätte, dass Joseph letztendlich für sich eingetreten war und das Richtige getan hatte.

Das glaubte er zumindest.

Als Joseph ihre gemeinsame Wohnung betrat, wurde er vom Anblick eines Haufens mit seinen Sachen mitten auf dem Wohnzimmerfußboden begrüßt.

»Monica«, rief er, »was ist hier los?«

Sie kam mit einem Arm voll von seinen Klamotten ins Wohnzimmer gestürmt und ließ sie auf den Haufen fallen.

»Es wird Zeit, dass du das Weite suchst, Joseph. Ich habe deine Sachen hier für dich hergerichtet und gebe dir zwei Tage, um sie abzuholen, dann wechsle ich die Schlösser aus. Und nimm nichts mit, was nicht dir gehört. Ich habe eine Liste mit allen meinen Habseligkeiten und mache dir das Leben zur Hölle, wenn du irgendwas von mir mitnimmst oder meine Wohnung in irgendeiner Weise beschädigst.«

Joseph blickte auf das Durcheinander von Sachen, die sie angeblich hergerichtet hatte, und sagte: »Mit dir zusammenzuleben *ist* die Hölle. Zwei Tage sind okay.«

Sie blieb abrupt stehen.

»Was? Ich fasse es nicht, was du da gerade gesagt

hast. Du hast vielleicht Nerven, nach allem, was
ich …«

Den Rest hörte Joseph nicht mehr, weil er plötzlich einen Geruch zur Kenntnis nahm, der ihm zwar
vertraut war, jedoch nie in diese Wohnung gehört
hatte. Was war das? Dieser widerliche, verbrannte
Gestank …

Smith!

Plötzlich dämmerte es ihm. Joseph grinste breit
und spürte eine Woge der Erleichterung in sich auf-
steigen. Er ignorierte, was sie vor sich hinplapperte,
und fragte: »Und, wann war Smith hier?«

»Smith, der Gentleman aus deiner Firma? Warum
hätte er hier sein sollen?«

»Komm schon, Monica, ich rieche ihn. Was ist los,
trefft ihr beiden euch?«

»Typisch, Joseph, einfach typisch für dich, grob zu
sein und alles ins Lächerliche zu ziehen. Ja, wenn du
es unbedingt wissen willst, er war hier. Ich hatte Mitleid mit ihm, nachdem du ihm beim Picknick diese
Rückenverletzung zugefügt hast, und wir mögen uns
inzwischen ziemlich gern. Er ist wirklich ein außer-
gewöhnlicher Mann.«

»Oh, ja, er ist bestimmt ganz außergewöhnlich.
Sieh mal, ihr beiden habt einander verdient, und ich
werde mich nicht einmischen. Eine Ladung von meinen Sachen nehme ich heute mit, den Rest hole ich
morgen, okay?«

»Okay, aber es gibt noch etwas, das du wissen soll-

180

test. Ich bin ab jetzt für die Rechtsberatung deiner Firma zuständig – die bald deine ehemalige Firma sein wird, sollte ich hinzufügen«, warf sie geheimnisvoll ein, »also rate ich dir, dich nicht an Mr. Smith zu rächen.«

»Für die Rechtsberatung, hast du gesagt? Ich dachte, du hättest dich auf Rechtsverdreherei spezialisiert.«

»Mach nicht meinen Berufsstand schlecht, Joseph. Daddy befürwortet die Sache mit Gerald und mir und hat mir die Aufgabe übertragen. Das wird meinen Erfahrungsschatz erweitern.«

»Da hast du Recht, deine neue Aufgabe wird dir ganz sicher einige überraschende Erfahrungen bescheren.«

Monica stützte die Hände auf die Hüften und musterte Joseph von oben bis unten.

»Und was soll das jetzt heißen?«

Joseph lächelte und ließ sie mit den abschließenden Worten stehen: »Das lasse ich dich selber rausfinden, und ich hoffe, Smith erträgt dein Zähneknirschen.«

Sie öffnete den Mund, um Joseph die Meinung zu sagen, doch er war bereits zur Tür hinausgegangen.

16. Kapitel
Ruh dich aus, ehe du verheerenden Schaden anrichtest

Joseph beeilte sich so sehr davonzukommen, dass er schließlich doch völlig vergaß, irgendetwas von seinen Sachen mitzunehmen. Zurückgehen wollte er jetzt allerdings auch nicht mehr. Da er die Kleidung, die er trug, noch nicht zur Arbeit angehabt hatte, konnte er sie am nächsten Tag noch einmal anziehen. Er musste sich ein Zimmer suchen, und da er vermutete, dass die Hotels in Büronähe billiger waren, beschloss er, in diese Richtung zu fahren und unterwegs dort anzuhalten, um vorher mit Gregory zu sprechen.

Nachdem Joseph sich davon überzeugt hatte, dass niemand Überstunden machte, ging er zu seinem Arbeitsplatz und rief mehrmals: »Gregory? Gregory, bist du da?«, bis dieser schließlich am Fuß einer der Trennwände auftauchte und gemächlich über Josephs Schuhe krabbelte.

»Was ist los?«

»Du klingst verschlafen. Habe ich dich aufgeweckt?«

»Ja, das hast du in der Tat. Also, was ist so wichtig, dass du den Schönheitsschlaf einer armen alten Kakerlake stören musst?«

»Da fällt mir wieder ein, dass ich mich vor einiger Zeit gefragt habe, wie alt du eigentlich bist.«

»Ich habe vor ein paar Tagen meinen fünfmonatigen Geburtstag gefeiert.«

»Das ist alles, fünf Monate? Dann bist du ja noch ein Baby.«

»Falsch, Joseph«, erwiderte Gregory müde. »Ein fünf Monate alter Mensch ist ein Baby, aber meine Lebensspanne beträgt maximal sechs Monate, also nähere ich mich dem Ende.«

»Mann, sechs Monate? Das ist ja überhaupt keine Zeit.«

»So fühlt es sich auch nicht an, muss ich zugeben.«

»Aber Moment mal, das bedeutet ja, dass du nur noch einen Monat leben wirst.«

»Vielleicht halte ich ein wenig länger durch. Ich achte nämlich auf meine Gesundheit.«

»Aber ich brauche dich. Ich fange langsam an, alles auf die Reihe zu kriegen – endlich, nach all den Jahren. Du kannst dich nicht einfach so verdünnisieren.«

»Du wirst schon zurechtkommen, Joseph. Wir nähern uns dem Ende deiner Ausbildung, und du schlägst dich viel besser, als du denkst.«

184

»Tatsächlich? Ich fühle mich genauso durcheinander wie eh und je.«

»Es wird gut für dich ausgehen, Joseph, ich habe Vertrauen in dich. Und um das zu demonstrieren, wie wär's mit einem weiteren Gebot der Kakerlaken?«

»Wenn du denkst, ich wäre bereit.«

»In Anbetracht der Tatsache, dass du bereit bist, deine Bosse bei der nächsten Gelegenheit zu stürzen, halte ich es für äußerst wichtig, dass du jetzt die nächste Lektion bekommst.«

»Dann schieß los.«

»Hier kommt sie: Ruh dich aus, ehe du verheerenden Schaden anrichtest.«

Joseph setzte sich auf seinen Stuhl und griff nach hinten, um sich den Nacken zu massieren, während er über das neue Gebot nachdachte.

»Hast du mir nicht vor Kurzem gesagt, ich soll darauf achten, was vor sich geht, und schnell darauf reagieren? Ich erinnere mich nicht daran, dass ausruhen auch dazugehört hat.«

Auf dem Weg zum Schreibtisch kletterte Gregory am Papierkorb hoch und setzte sich auf seinen Rand, damit Joseph ihn besser hören konnte.

»Stimmt, und genau das hast du hervorragend umgesetzt. Aber abgesehen davon, dass man auf der Hut sein sollte und bei Bedarf schnell reagieren muss, ist es auch wichtig, nicht gleichzeitig in so viele verschiedene Richtungen loszustürmen, dass man sich ablenken lässt und völlig verausgabt.«

»Also, was schlägst du vor?«

»Frag Karen, ob sie am Wochenende mit dir ausgehen möchte.«

»Was, wo gerade alles drunter und drüber geht?«, erwiderte Joseph und weihte Gregory ein, wie Monica ihm den Laufpass gegeben hatte.

»Joseph, das ist genau der Punkt: An diesem Wochenende wird gar nichts passieren. Du hast dich um alles Erforderliche gekümmert. Vor Montag wird nichts passieren, also entspann dich. Such dir erst mal eine Bude, in der du dich verschanzen kannst, und amüsier dich ein bisschen.«

»Weißt du, ich wäre nie auf die Idee gekommen, sie um ein Date zu bitten.«

»Konntest du ja bisher auch nicht, aber nachdem Monica dich rausgeworfen hat, bist du frei. Hol deine Sachen und such dir eine Bleibe. Triff dich mit Karen und amüsier dich. Und denk nicht an die Arbeit.«

»Was du sagst, ergibt langsam einen Sinn.«

»Was ich sage, hat schon immer einen Sinn ergeben, seit wir uns kennengelernt haben. Weißt du, wie viel Kakerlaken schlafen?«

»Darüber habe ich mir noch nie Gedanken gemacht. Keine Ahnung, ein paar Stunden am Tag?«

»Falsch. Ungefähr achtzehn Stunden am Tag. Normalerweise erledigen wir alles, was zu tun ist, nachts, die übrige Zeit schlafen wir.«

»Aber ich habe dich zu allen möglichen Tageszeiten gesehen.«

»Stimmt, aber das liegt nur daran, dass du ein spezielles Projekt von mir geworden bist. Sobald wir fertig sind, hole ich meinen Schlaf nach. Merk dir, dass diejenigen, die ständig auf den Beinen sind, ohne sich auszuruhen oder Pausen einzulegen, am verwundbarsten sind, weil sie die meiste Energie dafür verschwenden, mit ihren ungeordneten Gedanken Schritt zu halten. Wenn du ausgeruht bist, einen stichhaltigen Plan hast und auf Kommando aktiv werden kannst, wirst du dich durchsetzen.«

»Aber es gibt so viel, was ich am Wochenende erledigen könnte.«

»Nein, gibt es nicht. Betrachte dich im Moment als einen designierten Schlagmann. Du musst nicht aufs Spielfeld, um Runden zu laufen. Sei einfach darauf vorbereitet, zur Stelle zu sein und mit aller Kraft zu schlagen, wenn der richtige Wurf kommt.«

Nachdem Joseph Gregory erlaubt hatte, ins Reich der Träume abzudriften, verließ er das Büro und fuhr zurück zum Niagara Falls Boulevard, um sich ein Hotel zu suchen. Bis zum Beginn der Tourismussaison war es noch einige Wochen hin, deshalb standen jede Menge Zimmer zur Verfügung. Die Herausforderung bestand darin, ein gutes Zimmer zu finden. Da Joseph womöglich eine Weile darin bleiben würde, ehe er in eine neue Wohnung umzog, konzentrierte er sich auf die günstigeren Angebote. Dabei handelte es sich überwiegend um eingeschossige Holzgebäude mit einer Hand voll Zimmern, die in den Siebzigerjahren reizend gewesen sein mochten.

Er entschied sich für eines, das sauber wirkte, und checkte ein. Nicht übel, dachte er, als er das Zimmer begutachtete. Es war nicht gerade schick, würde aber seinen Zweck erfüllen. Nachdem er sich auf dem Weg zu Gregory wieder einen verschließbaren Krug Flower Power Ale besorgt hatte, ging er auf der Suche nach einer Eismaschine über den Parkplatz in das kleine Foyer.

Der Besitzer saß an seinem Schreibtisch und drückte seinen beachtlichen Bauch gegen die Computertastatur. Joseph vernahm Schreie und röhrende Motoren aus den winzigen Lautsprechern.

»Redneck Rampage«, sagte der Mann, als habe Joseph ihn gefragt, welches Computerspiel er spiele.

»Wie bitte?«

»So heißt das Spiel, das ich spiele, Redneck Rampage. Darin geht's um Hinterwäldler, die durchdrehen und mit Kettensägen aufeinander losgehen.«

Dann fügte der Mann hinzu, als erinnerte er sich plötzlich daran, dass er bei der Arbeit war: »Wie gefällt Ihnen das Zimmer?«

»Gut, es ist schön sauber.«

»Ja, wir halten sie wirklich sauber«, erwiderte der Mann stolz. »Wir haben hier seit Jahren keine lebendige Kakerlake zu Gesicht bekommen.«

»Meistens merkt man gar nicht, dass welche da

sind«, entgegnete Joseph. »Wenn man sie sieht, heißt das, dass sie das Weite suchen, weil es zu eng wird.« Der Mann fröstelte bei der Vorstellung.

»Ich hasse Kakerlaken, von denen kriege ich Gänsehaut.«

»Ach, so schlimm sind sie gar nicht«, sagte Joseph abwesend, während er den Eiskübel füllte.

»Nicht so schlimm? Sie machen wohl Witze.«

»Nein, ich kenne eine, die ist echt ein feiner Kerl.«

»Was? Sie sollten lieber keine von denen hierher mitbringen.«

»Hey, keine Sorge, das war doch nur ein Scherz.«

»Wie lange, sagten Sie, möchten Sie bleiben?«

17. Kapitel
Mach dich aus dem Staub,
bevor das Licht angeht

Am Montag saß Joseph ausgeruht an seinem Schreibtisch und war bereit für alles, was der Tag bringen mochte. Er hatte Gregorys Rat beherzigt und Karen gefragt, ob sie Lust hätte, am Samstag mit ihm auszugehen. Joseph war sich sicher gewesen, dass sie keine Zeit haben würde und war er begeistert, als sie zusagte. Sie waren zum Abendessen und anschließend ins Kino gegangen. Ein ganz normales Date, und Joseph war völlig verzückt gewesen, vor allem, als sie ihm einen ausgedehnten Gutenachtkuss gab.

»Lass uns das bald mal wiederholen, okay?«, hatte sie gesagt.

»Klar, sehr gern.«

»Nächstes Wochenende ist in der Stadt eine Oldtimer-Ausstellung. Möchtest du mit mir hingehen?«

»Du meinst, mit dir hingehen wie bei …«

»Ja, noch ein Date. Hast du ein Problem damit, wenn die Frau fragt?«

»Nein, wenn du fragst, nicht.«

»Super, dann ist das also abgemacht. Wir sehen uns am Montagmorgen.«

Jetzt war es Montagmorgen. Karen war noch nicht da, und Mr. Spector war ebenfalls noch nicht aufgetaucht.

Das Telefon läutete. Gut, dachte Joseph, die Leute aus Chicago sind da, und die Show kann jeden Moment losgehen.

»Hallo?«

»Joseph, hier ist Dan Spector.«

»Hi, Mr. Spector, sind Sie unten im Foyer?«

Joseph gab Gregory ein Zeichen, herzukommen und mitzuhören, und hielt den Hörer auf Schreibtischhöhe, damit sie beide etwas hören konnten.

»Nein.« Er lachte abrupt. »Ich sitze auf der Straße.«

»Ich verstehe nicht ganz …«

»Nachdem Sie gegangen sind, bin ich mit meinem Boss, dem Obermacker, dem Chef des ganzen Ladens, alles durchgegangen, was Sie mir mitgebracht hatten. Und glauben Sie mir, er war heißer darauf, Köpfe rollen zu sehen, als ich. Sie hätten ihn reden hören sollen, was er mit jedem Einzelnen machen wollte, der es wagt, den Ruf der Firma in den Schmutz zu ziehen.«

»Gott sei Dank«, sagte Joseph mit einem Seufzer der Erleichterung. »Freut mich, das zu hören.«

»Tja, freuen Sie sich mal nicht zu früh. Die Geschichte hat kein Happy End. Nachdem wir die Truppen hatten antreten lassen und bereit waren, bei Ihnen einzumarschieren und ordentlich aufzuräumen, erwähnte der alte Mann zufällig vor seiner Frau, was wir vorhatten, worauf sie ihn an einen Sachverhalt erinnerte, den er vergessen hatte.«

Sein Tonfall ließ Josephs Mut sinken. Er schwieg und wartete darauf, dass Dan fortfuhr.

»Wie sich herausgestellt hat, ist Lindley sein Neffe.«

»Wusste er das denn nicht, als er den Bericht las?«

»Nein. Er hatte es völlig vergessen – er bekommt seinen Neffen nicht oft zu Gesicht. Das Problem ist, dass seine Schwester völlig aus dem Häuschen ist, und da sich die Firma seit langer Zeit im Familienbesitz befindet, sitzt sie im Aufsichtsrat.«

»Also bleibt Lindley?«

Dan stieß abermals einen lauten Lacher aus.

»Worauf Sie Gift nehmen können. Er hat jetzt meinen Job!«

»Sie machen Witze.«

»Schön wär's, aber es stimmt. Ich habe nur angerufen, um Sie zu warnen. Ihr Name steht zwar nicht in dem Bericht, aber die werden ihn schon rausfinden, also seien Sie auf der Hut. Falls es Ihnen irgendwas bedeutet, ich bewundere, was Sie getan haben. Sie haben wirklich Rückgrat bewiesen.«

»Ich arbeite seit einiger Zeit daran, mir einen härteren Panzer zuzulegen«, erwiderte Joseph leise.

»Gut, den werden Sie nämlich brauchen.«

Dann legte Mr. Spector auf.

Joseph sah Gregory an.

»Was soll ich jetzt tun?«

Gregory dachte lange nach, bevor er antwortete. Er drehte einige Runden auf dem Schreibtisch, kletterte ein paar Mal auf den Bleistiftspitzer und wieder herunter und rammte sogar mit dem Kopf die Computertastatur. Schließlich blieb er stehen und gab Joseph seine Antwort.

»Ich habe keine Ahnung.«

Joseph hatte ebenfalls nachgedacht und begonnen, einen Plan zu schmieden.

»Hey, Gregory, nur weil niemand von der Firma kommt, um hier aufzuräumen, heißt das nicht, dass alles so bleiben muss, wie es ist.«

»Ich kann dir nicht ganz folgen.«

»Lindley weiß nicht, dass Smith und Monica darauf aus sind, ihn abzusägen, stimmt's?«

»Stimmt.«

»Aber da wir wissen, dass Lindley eine direkte Verbindung zu den Machthabern hat... Was würde er tun, wenn er es rausfinden würde?«

»Smith feuern und seinen Onkel dazu bewegen, die Anwaltskanzlei loszuwerden, wäre meine Vermutung. Aber wie willst du ihm das verklickern, ohne selbst mit reingezogen zu werden?«

»Schau mir einfach zu.«

Gregory klammerte sich an einem von Josephs Schürsenkeln fest, als dieser zu Lindleys Büro ging und anklopfte.

»Ja, wer ist da?«

»Ich bin's«, sagte Joseph, als er die Tür ein paar Zentimeter öffnete. »Kann ich kurz reinkommen? Es ist wichtig.«

»Kommen Sie rein, setzen Sie sich.«

»Mr. Lindley«, begann Joseph, nachdem er sich gesetzt hatte, »das klingt wahrscheinlich komisch, aber ich glaube, dass Smith und eine Anwältin der Kanzlei unserer Firma versuchen werden, Sie loszuwerden, damit Smith Ihren Posten übernehmen kann.«

»Das ist doch lächerlich«, protestierte Lindley. »Damit würden sie niemals durchkommen.«

»Das weiß ich, Sir, und ich weiß auch, dass Ihr Onkel das Unternehmen leitet, zu dem diese Firma gehört. Smith weiß das allerdings nicht, und er hat es auf Ihren Job abgesehen.«

»Aber was könnte er tun, um mich loszuwerden?«

»Nichts, in Anbetracht der Tatsache, wer Ihr Onkel ist, aber er hat irgendwas in petto, und das ist bestimmt nichts Angenehmes.«

»Woher soll ich wissen, dass Sie die Wahrheit sagen?«

»Sie werden es merken, sobald die Kanzlei die Angestellten Ihres Onkels kontaktiert. Warnen Sie sie vor und sorgen Sie dafür, dass sie Ihnen Bescheid sagen, wenn es so weit ist.«

Lindley dachte darüber eine Weile nach.

»Danke, Joseph, das werde ich machen.«

Wieder an seinem Arbeitsplatz angekommen, erkundigte sich Joseph bei Gregory, wie es seiner Meinung nach gelaufen sei.

»Hervorragend, du hast dich gut ausgedrückt. Wie ich dir schon gesagt habe, sind wir Kakerlaken dafür bekannt, dass wir die Richtung ändern und uns schneller als alle anderen bewegen können. Dir ist in Bezug auf dein Denken und Handeln etwas sehr Ähnliches gelungen. Nachdem dir bewusst geworden ist, dass der Weg, den du eingeschlagen hast, versperrt ist, hast du einfach die Richtung geändert und bist blitzschnell auf ein neues Ziel zugesteuert. Du hast einen gescheiterten Plan verworfen und stattdessen in Minutenschnelle einen ebenso guten geschmiedet.«

»Oh, vielen Dank. Und ich nehme an, dahinter steckt ein weiteres Gebot der Kakerlaken?«

»Ja, aber das hast du bereits gelernt.«

»Tatsächlich?«

»Ja. Lindley spricht wahrscheinlich gerade mit seinem Onkel. Er wird ihm nicht erzählen, dass du derjenige bist, der ihn eingeweiht hat, weil er selbst die Lorbeeren dafür ernten möchte, die Verschwörung aufgedeckt zu haben. Du hast mit deinem Bericht bereits die Zentrale informiert und warst schlau genug, dich aus dieser Sache ebenfalls rauszuhalten.«

»Und wie lautet das Gebot?«

»Mach dich aus dem Staub, bevor das Licht angeht.«

»Also das ergibt sofort einen Sinn. Wenn nämlich jemand nachts in seine Küche geht und überall Kakerlaken rumlaufen sieht, kannst du dir sicher sein, dass am Morgen der Kammerjäger zur Stelle ist. Aber wenn man schlau ist und weiß, wie man sich zum richtigen Zeitpunkt rar macht, wird man nicht zur Zielscheibe.«

»Joseph, das hätte ich selbst nicht besser formulieren können.«

18. Kapitel
Was dich nicht umbringt,
macht dich nur stärker

Der Anblick ließ Joseph beinahe Mitleid für ihn empfinden.

»Äh, Joey, ich meine, Joseph, hätten Sie kurz Zeit?«

Da Joseph die Stimme nicht erkannte, drehte er sich zu der gebeugten Gestalt in der Türöffnung um und traute kaum seinen Augen. Es war Harsh, aber Harsh, wie er ihn noch nie gesehen hatte. Auf seiner gebrochenen Nase prangte eine Schiene, und mit seinen riesigen dunklen Augenringen sah er aus wie ein bekümmerter Waschbär. Die falschen Schneidezähne, die er sonst anstelle jener trug, die er auf dem College durch einen Eishockeypuck verloren hatte, fehlten, was dazu führte, dass er beim Sprechen lispelte.

»Wie geht's Ihnen, Harsh?«, erkundigte sich Joseph.

»Ich lasse mich nicht unterkriegen, ich lasse mich nicht unterkriegen. Danke der Nachfrage.«

»Kommen Sie heute zur Arbeit?«

»Nein, und das ist genau der Punkt, das ist der Grund, warum ich vorbeischaue. Die sagen, ich wäre nur vorübergehend weg, aber Smith hat sich bereits in meinem Büro eingenistet.«

»Haben Sie Smith danach gefragt?«

»Ja, das habe ich.«

»Und?«

Harsh ließ den Kopf hängen.

»Er hat gesagt, dass ich aus seinem Büro verschwinden soll.«

»Tja, ich weiß nicht, was ich Ihnen sagen soll, Mr. Harshfeld. Wir beide hatten unsere Meinungsverschiedenheiten, aber ich hoffe, dass sich die jetzige Situation für Sie aufklärt, das hoffe ich wirklich.«

»Wissen Sie, Joseph, Sie sind ein feiner Kerl, und ich habe ein schlechtes Gewissen, ein richtig schlechtes Gewissen, dass ich Ihnen so viel Kummer bereitet habe.«

»Machen Sie sich deshalb keine Sorgen«, erwiderte Joseph und winkte ab. »Diese Erfahrung hat mir geholfen, bessere Bewegungsmelder zu entwickeln.«

»Hm?« Harsh machte ein verdutztes Gesicht und zog die Augenbrauen hoch, plapperte jedoch trotzdem weiter. »Ich wollte nur sagen, falls Sie irgendwas hören oder irgendwas tun können oder ein gutes Wort für mich einlegen könnten, das mir hilft, wieder einen Fuß in die Tür zu bekommen, tja, dann wäre ich Ihnen dankbar und würde es auch kundtun, das würde ich wirklich.«

200

»Mr. Harshfeld, ich glaube Ihnen.«

Joseph stand auf und schüttelte ihm die Hand.

Harsh nickte dankbar und schlurfte aus dem Büro.

Diese Begegnung hatte vier Wochen zuvor stattgefunden, und Harsh war nie wieder aufgetaucht. Das Letzte, was Joseph gehört hatte, war, dass er jetzt einen Job im Eisstadion hatte, wo er die Eispoliermaschine fuhr und zwischendurch an der Snackbar arbeitete.

Smith dagegen schaffte es irgendwie durchzuhalten. Lindley war längst weg und nach Chicago in Spectors Büro umgezogen, sorgte jedoch dafür, dass Smith ihn nicht ersetzte. Stattdessen hatte er Smith in Harshs Büro verbannt – allerdings ohne die Zählmaschine oder die Befugnis zur Beschimpfung des Verkaufspersonals.

Diese Befugnis wurde Joseph selbst übertragen, der zu seiner Überraschung zwei Tage nach Harshs Erscheinen in seiner neuen Wohnung einen Anruf von Lindley bekam.

»Wie läuft's denn so in Chicago?«, erkundigte sich Joseph, nachdem Lindley sich zu erkennen gegeben hatte.

»Es läuft gut«, erwiderte Lindley, »aber ich kann Ihnen sagen, mir war nie bewusst, wie hart es ist, für meinen Onkel zu arbeiten.«

»Schaut er Ihnen auf die Finger?«

»Auf die Finger schauen? Im Vergleich zu ihm ist sogar Harsh in Hochform lammfromm. Ich habe in meinem ganzen Leben noch nie so hart gearbeitet – und ich bin erst seit ein paar Tagen hier. Und stellen Sie sich vor, mein Onkel sagt, dass er mich noch schont, bis ich in Schwung gekommen bin.«

»Klingt so, als wären Sie ziemlich beschäftigt.«

»Beschäftigt ist nicht das richtige Wort. Kennen Sie das Sprichwort, dass man aufpassen soll, was man sich wünscht?«

»Meinen Sie das, in dem es am Ende heißt, man könnte es bekommen?«

»Jetzt weiß ich, was damit gemeint ist.«

Joseph wusste darauf keine Antwort, und nach einer Gesprächspause fuhr Lindley fort.

»Ich habe nicht vergessen, was Sie für mich getan haben, Joseph, auch wenn ich es vielleicht bereuen werde, dass ich jetzt hier bin. Und um Ihnen meine Dankbarkeit zu zeigen, gebe ich Ihnen meinen alten Job.«

»Das kommt völlig überraschend, Mr. Lindley.«

»Sie haben ihn verdient. In den letzten Wochen haben Sie unter Beweis gestellt, dass Sie viel mehr auf dem Kasten haben, als ich Ihnen zugetraut habe. Der Job ist allerdings an eine Bedingung geknüpft.«

»Und die lautet?«

»Ich gebe Smith Harshs ehemaligen Job. Und ich möchte, dass Sie ihn an einer kurzen Leine führen – eigentlich sogar an einem Würgehalsband.«

Joseph lachte und erwiderte: »Mr. Lindley, das wird mir ein Vergnügen sein.«

202

Und so war es.

Joseph erfuhr binnen Minuten, dass die Beförderung offiziell wurde. Nicht durch eine offizielle Bekanntmachung, sondern durch Smith persönlich, der am Morgen nach Josephs Gespräch mit Lindley am Aufzug auf ihn wartete.

»Joseph, könnte ich Sie mal kurz sprechen?«

»Was gibt's?«, erkundigte sich Joseph. Er war am Abend zuvor wieder mit Karen ausgegangen und hatte hervorragende Laune.

»Ich habe die Neuigkeiten gehört, dass Sie Lindleys Job bekommen haben. Glückwunsch, ich weiß, Sie werden ihn toll machen.«

»Oh, danke, Smith«, entgegnete Joseph und drehte sich um, um den Aufzugsknopf zu drücken.

»Da wäre noch eine Sache ...«

Joseph drehte sich wieder zu ihm um. Irgendetwas an Smith war an diesem Morgen anders. Es war nicht die Tatsache, dass er ihm Honig ums Maul schmierte – Joseph hatte schon viele Male beobachtet, wie er das bei anderen getan hatte. Nein, er sah irgendwie anders aus.

Als Smith den Kopf auf die Seite warf, wusste Joseph, was es war. Die langen Haarsträhnen, an denen Smith aus irgendeinem unerfindlichen Grund so beharrlich festgehalten hatte, obwohl er damit aussah wie ein schlechter New-Wave-Songwriter aus den Achtzigern, waren verschwunden. Und das Gel, das so ekelhaft stank, ebenfalls. Sein Haar war kurz und ordentlich geschnitten und ließ nur eine Spur von Schaumfestiger vermuten. Und war er nicht auch wie ein Rechtsanwalt gekleidet, wie einer der jungen Senkrechtstarter aus Monicas Kanzlei?

»Nur zu, Smith, schießen Sie los.«

»Wegen mir und Monica, ich …«

Smith wusste ausnahmsweise einmal nicht, was er sagen sollte, und stand einfach nur mit nach oben gedrehten Handflächen da, als bettelte er um Kleingeld.

»Machen Sie sich deshalb keine Sorgen. Sie beide passen perfekt zueinander.«

Smith war sichtlich erleichtert und bedankte sich bei ihm für seine Freundlichkeit und sein Verständnis.

»Da fällt mir gerade ein, Smith, dass ich ein paar Dinge mit Ihnen besprechen wollte.«

»Ja?«

»Die Anruf-Zählmaschinen sind Schnee von gestern. Und das Verkaufspersonal und alle anderen, die hier arbeiten, werden mit Respekt behandelt.«

»Aber ich habe doch niemanden …«

Joseph schnitt ihm das Wort ab, indem er die Hand hob.

»Außerdem werde ich Ihre Leistung im Auge behalten. Jeder Ihrer Mitarbeiter wird wöchentlich einen Bewertungsbogen über Sie ausfüllen.«

»Aber wie soll ich denn meine Arbeit machen, wenn sie sich so an mir rächen können?«

»So sieht die Realität aus, Smith. Und wenn Sie sich nicht danach richten, werden Sie Ihren Hut nehmen müssen. Ist das klar?«

»Ja, Sir, Mr. Goodrich.«

Die Verantwortung zu haben machte Spaß, aber Joseph wollte unbedingt verschiedene Dinge ausprobieren und zu neuen Ufern vorstoßen. Auf Einladung von Mr. Moses verbrachte er ein paar Tage in Palm Coast in Florida und verliebte sich in den Ort. Nachdem er sein ganzes Leben im kalten, wolkenverhangenen Nordosten verbracht hatte, war er mehr als bereit für eine Veränderung. Er wunderte sich nur, weshalb es so lange gedauert hatte.

Mr. Moses ließ Karen unabhängig davon zu sich kommen und bot ihr eine Stelle als Abteilungsleiterin für Marketing und Werbung an. Sie nahm natürlich an: eine schöne Ergänzung zu Josephs Titel des Verkaufsleiters.

Und dann kam endlich der Tag, nach dem er sich so sehr gesehnt hatte. Der Umzugs-Lkw mit seinen und Karens Sachen war bereits losgefahren, um seine Fracht zu ihrer Wohnung zu bringen. Karen war zu Besuch bei ihren Eltern und würde in der Woche darauf in Florida eintreffen.

Damit blieben nur noch Joseph und Gregory übrig.

»Hey, Opa, bereit zur Abreise? Ich habe das Auto fast fertig gepackt.«

Gregory bahnte sich langsam den Weg zu dem

Laptop, in dem er reisen würde. Er war inzwischen fast sieben Monate alt – uralt für eine Kakerlake –, und jeder Tag forderte seinen Tribut. Sein Gehör war noch recht gut, aber er rannte und hüpfte nicht mehr herum, wie er es noch einen Monat zuvor getan hatte.

»Immer mit der Ruhe, ich bin ja schon bereit.«

»Gregory, bist du dir sicher, dass das in Ordnung ist?«, fragte Joseph und deutete auf den Laptop.

»Sicher, wir Kakerlaken reisen so durchs ganze Land. Wie du siehst, ist die Redewendung ›da ist der Wurm drin‹ nicht mehr ganz auf der Höhe der Zeit.«

»Aber warum setzt du dich nicht nach vorne zu mir?«

»Joseph, Kakerlaken sind nicht fürs Tageslicht geschaffen, das gilt vor allem für alte Schaben wie mich. Ich brauche nur einen sicheren, warmen Platz, wo mich niemand sehen kann, mehr nicht.«

»Ich finde, nach allem, was du für mich getan hast, hast du viel mehr als das verdient.«

»Du tust genug für mich. Nachdem meine Kinder und Enkelkinder alle erwachsen sind und meine Partnerin leider nicht so alt geworden ist wie ich, ist Florida der perfekte Ort für mich, um meinen Lebensabend zu genießen.«

»Bist du sicher?«

»Oh, ja, ich komme schon zurecht, auch wenn die Fahrt holprig wird. Im Übrigen erinnert mich das an das letzte Gebot der Kakerlaken.«

Joseph schnippte mit den Fingern und sagte: »Stimmt, ich hatte ganz vergessen, dass wir bei Nummer neun aufgehört haben.«

»Tja, dann sage ich dir lieber Nummer zehn, bevor ich zu alt werde und es vergesse: Was dich nicht umbringt, macht dich nur stärker.«